Staats- und socialwissenschaftliche Forschungen

herausgegeben

von

Gustav Schmoller und Max Sering.

Zweiundzwanzigster Band. Zweites Heft.

(Der ganzen Reihe 102. Heft.)

E. Gottheiner, Studien über die Wuppertaler Textilindustrie und ihre
Arbeiter in den letzten zwanzig Jahren.

Leipzig,
Verlag von Duncker & Humblot.
1903.

Studien

über die

Wuppertaler Textilindustrie

und

ihre Arbeiter in den letzten zwanzig Jahren.

Von

Elisabeth Gottheiner.

Leipzig,

Verlag von Duncker & Humblot.

1903.

Inhaltsübersicht.

Abkürzungen.

B.H.B. = Jahresbericht der Handelskammer zu Barmen.
B.H.E. = Jahresbericht der Handelskammer zu Elberfeld.
B.V.F. = Die Beschäftigung verheirateter Frauen in Fabriken.
G.W. = Zeitschrift des Bergischen Vereins für Gemeinwohl.
J. d. G. = Jahresberichte der Gewerbeinspektoren.

Erster Teil.

Historischer Überblick über die Produktions- und Absatzverhältnisse der letzten 20 Jahre.

Einleitung.

Als Alphons Thun im Jahre 1879 seine Studie über die Textilindustrie in Elberfeld-Barmen[1] veröffentlichte, zählten die Schwesterstädte an der Wupper etwa 175000 Einwohner. Heute, nach etwas über 20 Jahren, ist die Einwohnerzahl auf 298000 angewachsen. Diese Bevölkerungszunahme allein würde genügen, um eine erneute Untersuchung der dortigen Industrieverhältnisse zu rechtfertigen, ständen nicht auch noch andere Zahlen zur Verfügung, die in ebenso beredter Sprache wie die genannten, nur mehr im einzelnen beweisend, für den Aufschwung der dortigen Industrien Zeugnis ablegten.

Thun ist auch nicht in der Lage gewesen, die, neben der persönlichen Anschauung, jetzt wichtigste, wenn auch leider durch die Abhängigkeit von der jeweiligen Regierungsstimmung stark beeinträchtigte Quelle zur sozialen Erforschung einer Industrie, die Berichte der Gewerbeinspektoren zu benutzen. Sie erschienen allerdings bereits seit dem Jahre 1874, waren aber noch wenig umfangreich und enthielten spezielle Informationen über die Bezirke Elberfeld-Barmen erst seit 1878.

Während die Quellen zur Kenntnis der mittelalterlichen und frühneuzeitlichen Zustände ziemlich reichlich flossen und Thun befähigten, das Entstehen und Aufblühen der Industrie so eingehend zu erforschen, daß seine Untersuchungen auf diesem Gebiete ohne weiteres als Grundlage für alle weiteren Studien dienen können, war er für die letzten Jahrzehnte hauptsächlich auf die Berichte der Handelskammern an-

---

[1] Siehe Alphons Thun, Die Industrie am Niederrhein und ihre Arbeiter. Staats- und socialwissenschaftliche Forschungen, herausgegeben von Gustav Schmoller, Bd. II, Heft 3, Leipzig 1879.

gewiesen, die in ihrer Eintönigkeit und Einseitigkeit auf den
Schriftsteller einen etwas lähmenden Einfluſs auszuüben pflegen.
Hat Thun nun auch diesem Mangel mit Zuhilfenahme seiner
lebhaften Phantasie und seines leichten Stils mit Erfolg abzuhelfen versucht, so ist gerade aus diesem Bestreben eine
gewisse Verschwommenheit des entworfenen Bildes entstanden.
Auch aus diesem Grunde erscheint eine Vertiefung und Er-
weiterung der Thunschen Studien wünschenswert.

Die vorliegende Arbeit beschäftigt sich ausschlieſslich mit
der Entwickelung seit 1879. Sie greift, besonders in ihrem
ersten Teil, der einen Überblick über die Produktions- und
Absatzverhältnisse in dieser Periode zu geben beabsichtigt,
ebenfalls auf die Berichte der Handelskammern zu Elberfeld
und Barmen zurück. Doch kommen auſserdem die bereits
erwähnten Berichte der Gewerbeaufsichtsbeamten und für
die allerneueste Zeit besonders persönliche Erkundigungen
und Beobachtungen sowie die Elberfelder Tagespresse in
Betracht.

Wichtiges Material enthalten ferner die Zeitschrift des
Bergischen Vereins für Gemeinwohl, die Berichte der Rheinisch-
Westfälischen Textilberufsgenossenschaft, die Berichte der
amerikanischen Konsuln für den Konsularbezirk Barmen u. a. m.

Die Elberfeld-Barmener Textilindustrie zeichnet sich durch
eine auſserordentliche Vielgestaltigkeit aus. Neben die Garn-
bleicherei, Zwirnerei, Färberei und Appretur, deren Anfänge
bis ins 15. Jahrhundert zurückreichen, trat im 17. Jahrhundert
die Leinenweberei und die Bandwirkerei, später die Baumwoll-,
Woll- und Seidenweberei. Um die Mitte des 16. Jahrhunderts
führten flüchtige Niederländer die Posamenterie ein, deren
Hauptsitz in Barmen ist. Bänder, Kordeln und Litzen wurden
die spezifisch „Barmener Artikel", in deren Fabrikation die
Stadt heute noch unerreicht dasteht. Aus der Bandwirkerei
entwickelte sich später die Spitzenwirkerei, die sich ebenfalls
in Barmen konzentriert. Zu den Barmener Artikeln gehören
ferner gummielastische Bänder, Eisengarnartikel, Wagengurte
und Stoffknöpfe. Die Färberei nahm besonders seit der Erfindung der Türkischrotfärberei im Jahre 1780 einen bedeutenden Aufschwung. Neben ihr erblühten bald die verwandten Gewerbe der Druckerei und Appretur.

Über die Organisation der Wuppertaler Textilindustrie
hat Thun so eingehend berichtet, daſs sie hier nicht weiter
behandelt zu werden braucht. Nur an einer besonders der
Barmener Besatzartikelindustrie eigentümlichen Organisationsform können wir nicht achtlos vorübergehen. Es ist dies die
sog. „Lohnfabrik", die wir später in ihrer Haupterscheinungs-
form der „Riemendreherei" näher kennen lernen werden.
Vorläufig möge es genügen, wenn wir sie als eine rein technische Hilfsorganisation der kaufmännisch geleiteten Fabriken

bezeichnen. Ähnliche Bildungen sind auch die Lohnfärbereien, Lohnappreturanstalten und Bäumereien. Daneben besteht noch eine eigentliche, ziemlich bedeutende Hausindustrie, welche besonders am Bandwirken, Weben, Garnspulen, Kettenscheren, Haspeln, an der Herstellung der Bällchen und Quasten für Besatzartikel, sowie am Anschlagen der Metallspitzen an Schnürriemen beteiligt ist. In der Bandwirkerei gibt es allerdings eine Reihe von grösseren Betrieben, die man kaum mehr als Hausindustrie bezeichnen kann. In den meisten aber begegnen wir noch den charakteristischen Merkmalen der Hausindustrie: einer geringen Anzahl Stühle, persönlicher Mitarbeit des Meisters und seiner Familienangehörigen bei der Bedienung der Stühle und der Besorgung von Nebenarbeiten, wie Spulen, Haspeln u. s. w.

Die Elberfeld-Barmener Textilindustrie ist von jeher in aufserordentlich hohem Mafse den Schwankungen der Mode unterworfen gewesen und ist es heute, da in dieser Beziehung immer rascherer Wechsel eintritt, noch mehr als früher. Dies aber hat auf die Fabrikanten die günstige Rückwirkung ausgeübt, sie zu aufsergewöhnlicher Rührigkeit anzuspornen. Sie sind stets bemüht gewesen, Ausfälle durch Einführung neuer Artikel auszugleichen und den Launen der Mode möglichst rasch zu folgen. Mit technischen und kaufmännischen Kenntnissen ausgerüstet, lassen es sich auch die gröfsten unter den Wuppertaler Industriellen nicht nehmen, selber die Schwankungen des Weltmarktes zu verfolgen; zum Teil bringen sie auch ihre Waren selbst auf den Markt. Die stets gespannte Aufmerksamkeit, welche eine Modeindustrie erfordert, gestattet es niemandem, der das Geschäft auf der Höhe halten will, auf seinen Lorbeeren zu ruhen. Der folgende Rückblick über die letztvergangenen 20 Jahre wird uns zeigen, unter welch ewigem Auf und Ab eine so beschaffene Industrie zu leiden hat, wie aufser der Mode auch jedes politische Ereignis in der Heimat oder in anderen Staaten, jeder Wechsel der Handelspolitik, jeder Ernteausfall seinen Einflufs ausübt, um von dem wichtigsten, der allgemeinen wirtschaftlichen Lage, gar nicht zu sprechen. Dazu kommt, dafs die Wuppertaler Industrie zum grofsen Teil Exportindustrie ist. Barmener Besatzartikel finden in der ganzen Welt ihre Käufer. Die Vereinigten Staaten von Nordamerika, die südamerikanischen Republiken, Westindien, China, Japan, England mit seinen Kolonien, Rufsland und fast alle übrigen europäischen Länder gehören heute noch zu den Absatzgebieten des Wuppertals. Bei der immer steigenden auswärtigen Konkurrenz mufs sich der Kaufmann und Industrielle, der nicht unterliegen will, daher auch mit den auswärtigen Produktions- und Marktverhältnissen möglichst vertraut machen, er mufs auf dem Posten sein, wenn sich die Aussicht bietet,

ein neues Absatzgebiet zu erobern, und die Produktion nach
anderer Richtung hin einschränken, sobald er merkt, daſs der
Absatz nach diesem oder jenem Lande hin nicht mehr lohnend
ist. Im groſsen und ganzen kann man wohl sagen, daſs die
Leiter der Wuppertaler Industrie diesen Aufgaben bisher gerecht geworden sind und durch groſse und kleine Krisen hindurch den Artikeln ihrer Industrie auf dem Weltmarkt immer
wieder zum Siege verholfen haben.

Erstes Kapitel.
(1880—1895.)

In den folgenden Kapiteln wollen wir — sozusagen aus
der Vogelperspektive — zurückschauen auf die Produktions-
und Absatzverhältnisse der Wuppertaler Textilindustrie während
der jüngst vergangenen Jahrzehnte. Bei einem solchen Überblick verschwindet manches völlig, was noch in den Augen
der Erlebenden ein groſses und wichtiges Ereignis darstellte.
Schwankungen, die für den betroffenen Industriezweig zur Zeit
nichts Geringeres als Leben oder Tod zu bedeuten schienen,
gleichen sich aus, und nur die groſsen Auf- und Abwärts-
bewegungen, die weltmarkterschütternden politischen Ereignisse,
bedeutenden Erfindungen und Industrieerweiterungen ragen
gleich Merksteinen empor.

Nur auf diese wollen wir deshalb unser Augenmerk richten
und ganz absehen von dem ermüdenden Auf und Ab, von dem
die mit Vorliebe grau in grau malenden Handelskammerberichte
in jedem Jahre so viel zu erzählen wissen.

Das Jahr 1880, mit dem wir, an Thun anschlieſsend,
unsere Betrachtung beginnen, leidet noch unter den Nach-
wehen der wirtschaftlichen Krise, welche als natürliche Re-
aktion dem raschen Aufblühen der Industrie von 1871—1874
gefolgt war.

Besonders tief liegen diejenigen Industriezweige darnieder,
deren Betrieb an das Vorhandensein wertvoller Anlagen nicht
gebunden ist, in denen deshalb bei widrigem Modewechsel auf
Amortisation und Rentierung festgelegter groſser Kapitalien
keine Rücksicht genommen zu werden braucht, und deren
Aufgabe und Wiederaufnahme infolgedessen keine sonderlichen
Schwierigkeiten bietet. Hierhin gehört in erster Linie die Hand-
weberei von Bändern, Samt und Plüsch.

Bei angestrengtester Arbeit erreichten die Plüschweber
damals nur einen Verdienst von 0,80—1,20 Mk. am Tage,
also einen Wochenlohn von 4,80—7,20 Mk. In ähnlich ungünstiger Lage befinden sich die von den Bestellungen der
gröſseren Fabrikanten abhängigen Lohnfabriken, besonders die

bereits erwähnten Riemendrehereien. Da wir im Laufe der Untersuchung diesem Barmen eigentümlichen Industriezweige häufiger begegnen werden, ist es hier wohl am Platze, etwas näher auf ihn einzugehen.

Das Wort „Riemendreherei“ ist ein Barmener Lokalausdruck und bedeutet nichts anderes als das Klöppeln oder Flechten von Schnüren, Litzen, Spitzen und dergleichen mehr. Die Erfindung der ersten mechanischen Flechtmaschine wurde bereits im Jahre 1750, und zwar in Barmen, gemacht. Anfänglich diente sie nur zur Herstellung von Schnürriemen, die bis dahin mit der Hand geflochten worden waren. Sie wurde durch eine Kurbel, die mit der Hand gedreht wurde, in Bewegung gesetzt. Im Hinblick auf Zweck und Manipulation entstanden die Ausdrücke Riemendreherei und Riemendreher für den Industriezweig und die darin beschäftigten Arbeiter, Riemengang für den auswechselbaren Teil der Arbeitsmaschine, durch welchen das jeweilige Muster entsteht, Riementisch für den mit Triebwerk versehenen unteren Teil der Flechtmaschine und Riemengangschlosser für die Erbauer der eisernen Klöppelmaschinen.

Alle diese Namen haben sich bis auf den heutigen Tag erhalten, obgleich schon längst nicht mehr lediglich Schnürriemen, sondern Kordeln, Litzen, Besatzartikel mannigfaltigster Art und seit 1880 auch die sogenannten Barmener Maschinenspitzen hergestellt werden, die für ein ungeübtes Auge von den handgeklöppelten Spitzen, wie sie das sächsische Erzgebirge liefert, kaum zu unterscheiden sind und diesen durch ihre grofse Billigkeit erhebliche Konkurrenz gemacht haben.

Nachdem der gegen Ende des 18. Jahrhunderts begonnene Betrieb der Riementische mit Wasserkraft wieder aufgegeben war, ging man ziemlich allgemein zum Fufsbetrieb über. Erst Mitte des 19. Jahrhunderts, als dank der monopolartigen Stellung der Barmener Riemendreherei der Absatz immer bedeutender wurde, stellte ein unternehmender Riemendrehereibesitzer die erste Dampfmaschine auf. Da aber infolge der früheren hausindustriellen Wirtschaftsform die meisten Riemendreher nicht über genügendes Kapital verfügten, um eigene Dampfkraft anzulegen, so bildete sich rasch das dem Wuppertal bis heute eigentümliche System der Raum- und Dampfkraftvermietung aus. Wie auf diese Weise die Riemendreherei ein merkwürdiges Zwischenglied zwischen Hausindustrie und Fabrik bildet, so stehen auch die Riemendrehermeister gewissermafsen auf der Grenzscheide zwischen Fabrikanten und Lohnarbeitern. Ihre gesellschaftliche Stellung ist dementsprechend eine etwas untergeordnete. Sie gehören fast durchgehends dem kleinen Bürgerstand an. In dem gemieteten Fabrikraum stellen sie ihre eigenen, aber mit gemieteter Dampfkraft betriebenen Riementische auf und nehmen ihre eigenen Arbeiter an. Jegliche kaufmännische Tätigkeit fehlt ihnen jedoch; ihre Artikel stellen sie im L o h n für die Fabrikkaufleute her, die ihnen Bestellungen geben, das Material liefern und nach vorgeschriebenen Mustern von ihnen verarbeiten lassen. Die Ware muſs dann oft noch in anderen auch gegen Lohn arbeitenden Fabriken gefärbt, gebleicht oder appretiert werden, ehe der Fabrikant sie zum letzten Mal zurückerhält, um sie auf Stücke haspeln, kartonieren und zum Versand verpacken zu lassen. Wie es bei einer derartigen Organisation natürlich ist, trifft eine Krise diese Zwischenglieder am fühlbarsten. Ihre Auftraggeber, die Fabrikanten, brauchen bei ungünstiger Konjunktur nur ihre Einkäufe an Rohmaterialien zu beschränken oder ganz einzustellen. Sie aber sind gezwungen, wenn Bestellungen ausbleiben, ihre teueren Maschinen still stehen zu lassen, ihre Arbeiter zu entlassen und nebenher noch die Raum- und Dampfkraftmiete weiterzubezahlen. Noch unvorteilhafter gestaltet sich die Arbeit dadurch, daſs die Riementische sehr rasch abgenutzt werden und es notwendig ist, für jeden Tisch mehrere Riemengänge zu besitzen, um die verschiedenartigsten Artikel herstellen zu können. Jeder neue Artikel, der vielleicht nur ganz kurze Zeit in der Mode bleibt, erfordert die Anschaffung eines neuen Ganges.

Es ist daher leicht erklärlich, daſs, wenn, wie im Jahre 1880, zu der allgemein ungünstigen Konjunktur noch die Ungunst der Mode tritt, diese Industriezweige am schwersten zu leiden haben.

Dazu kommt, daſs unter dem Schutze hoher Einfuhrzölle auch andere Länder zu jener Zeit anfingen, Bänder, Litzen und Besatzartikel zu fabrizieren, in denen das Wuppertal früher eine unerreichte Stellung eingenommen hatte. Besonders beeinträchtigte der neue französische Zolltarif die Ausfuhr nach Frankreich, während die französische Industrie bei den niedrigen deutschen Zollsätzen nach wie vor in der Lage war, mit feiner Seidenpassementerie und schweren Bändern für Damenkleider den Wuppertaler Fabrikanten emptindliche Konkurrenz zu machen.

Erst 1882 war die Gesundung des wirtschaftlichen Gesamtorganismus der Nation weit genug vorgeschritten, um den einzelnen Gliedern die sichere Aussicht auf eine Zeit des Aufschwungs zu gewährleisten.

Wie die nachstehende, dem Jahresbericht des Düsseldorfer Gewerbeinspektors für 1882 entnommene Tabelle (siehe S. 8) zeigt, haben sich die in der Textilindustrie des Regierungsbezirks Düsseldorf gezahlten Löhne von 1878 auf 1882 durchweg gehoben. In der Seidenweberei war der mittlere Lohnsatz für die normale Schicht von 2,51 auf 2,63 Mk, also um 12 Pfg., in einzelnen Zweigen der Halbwollweberei von 2,33 auf 2,68 Mk., also um 35 Pfg., der durchschnittliche Schichtlohn, auf die gesamte Textilindustrie des Regierungsbezirks berechnet, von 2,10 auf 2,19 Mk. gestiegen. Man darf daraus auf eine allgemeine Verbesserung der Gesamtlage schliefsen.

Ebenso läfst sich seit dem Jahre 1878 alljährlich eine Mehrverwendung jugendlicher Kräfte nachweisen. Im Jahre 1882 wurden im Regierungsbezirk Düsseldorf im ganzen 10 030 jugendliche Arbeiter, darunter 253 Kinder, beschäftigt. Wie der Gewerbeinspektor bemerkt, war die Steigerung, welche 10 Prozent über dem Bestand von 1881 und 78 Prozent über dem Bestand von 1877 ausmachte, wesentlich durch die Betriebsvergröfserungen in der Textilindustrie veranlafst. Da die Jugendlichen von allen Arbeitern am leichtesten abgestofsen und wieder aufgenommen werden können, so ist die Statistik ihrer Beschäftigung stets ein zuverlässiger Gradmesser für den Geschäftsgang. So ging auch mit dem Darniederliegen der Barmener Besatzindustrie im Jahre 1881 eine Abnahme der dortigen Jugendlichen um 31 Prozent Hand in Hand, während die Textilindustrie als Ganzes, die sich wieder in aufsteigender Linie bewegte, bereits mit 5 Prozent an der Steigerung der jugendlichen Arbeitskräfte beteiligt war.

Die Zeit nach einer Krise -- wenn es gilt, an den Wiederaufbau dessen zu gehen, was in Verfall geriet — ist die günstigste für das Entstehen neuer Industriezweige. Auch im Wuppertal sann man darauf, wie der grofse Ausfall der letzten Jahre am besten zu decken sei. Bei der regen Unternehmungslust der dortigen Fabrikanten nimmt es nicht wunder, dafs man auf das altbewährte Auskunftsmittel verfiel, es mit der Herstellung eines bisher noch nicht fabrizierten Artikels zu versuchen. Im September des Jahres 1883 eröffnete der Teilhaber einer Barmener Firma der Bänder-, Litzen- und Besatzartikelbranche die erste mechanische Weberei zur Fabrikation von Brüssel- und Tournay-Teppichen, die Deutschland bisher nur in Berlin und Düren verfertigt hatte[1]. Nachdem in den acht vorhergehenden Monaten die ersten Maschinen montiert, Muster angefertigt und einheimische Arbeiter durch englische Meister angelernt waren, gelang es der Fabrik, schon bei Beginn der eigentlichen Fabrikation eine Ware zu erzielen, welche hinter der vorzüglichsten englischen nicht zurückstand. Bei der äufserst komplizierten Technik, den unverhältnismäfsig hohen Generalunkosten und Musterspesen und der vorläufig geringen Aussicht auf Export, war das Experiment, den neuen Industriezweig in Barmen einzubürgern, immerhin ein sehr gewagtes, zumal der inländische Bedarf an besseren Teppichen durch die bereits bestehenden deutschen Fabriken zum gröfsten Teil gedeckt wurde, und Eng-

---

[1] Siehe B.H.B. 1883 S. 4. 17. 18.

Löhne in der Textilindustrie des Regierungsbezirks Düsseldorf von 1878—1882.

(Siehe Jahresbericht der Gewerbeinspektoren von 1882.)

Art der Werke	Zahl der Arbeiter 78	82	Summa der gezahlten Löhne 78	82	Mittlere Schichtenzahl pro Kopf u. Jahr 78	82	Verdienst pro Kopf und Jahr — höchster 78	82	niedrigster 78	82	mittlerer 78	82	Lohnsatz pro Kopf und normale Schicht — höchster 78	82	niedrigster 78	82	mittlerer 78	82	Dauer einer norm. Schicht in Stunden 78	82
Seiden-weberei	143	139	107 536	109 810	300	300	—	—	—	—	752	790	—	—	—	—	2,51	2,63	11	12
Zanella-weberei	443	564	336 277	439 881	306 306	306 306	—	—	—	—	805 677	811 712	—	—	—	—	2,63 2,21	2,65 2,33	12 12	12 12
Halbwoll-weberei	595	604	418 373	457 725	300 299 300	300 309 300	—	—	—	—	701 683 775	803 695 774	—	—	—	—	2,33 2,25 2,58	2,68 2,23 2,58	12 12 13	12 12 13
Woll-spinnerei	169	191	96 959	113 820	307 288	307 312	—	—	—	—	620 521	620 560	—	—	—	—	2,02 1,80	2,02 1,80	14 13	14 13
Tuchfabriken mit Spinnerei	989	1401	672 556	1 018 426	306 307	306 307	649 729	762 766	470 720	535 729	560 716	652 748	2,11 2,35	2,41 2,50	1,51 2,30	1,68 2,35	1,82 2,32	2,06 2,40	14 14	14 14
Baumwoll- und Flachs-spinnerei	1838	1898	904 643	1 076 197	103 302 287 298 264 270	300 302 281 296 300 300	111 822	732 851	84 662	495 690	100 742 586 468 399 483	586 774 579 518 463 570	2,12 2,26	2,32 2,48	1,60 1,49	1,58 1,54	1,92 2,37 1,97 1,57 1,51 1,79	1,86 2,47 2,06 1,75 1,54 1,90	12 12 12¾ 14 13½ 12	12 12¾ 14 13½ 12

land, das nach Deutschland nur noch eine Ausfuhr im Werte von
48 000 £ hatte, mit seiner alt eingesessenen Teppichfabrikation
den übrigen Markt vollkommen beherrschte. Englands Vorteile Deutschland gegenüber waren aber mit dem zeitlichen
Vorsprung und dem besser geschulten, durch eine Art Lehr-
lingssystem herangebildeten und durch künstliche Beschränkung
der Zahl durchaus vollwertig gehaltenen Arbeitermaterial noch
nicht erschöpft. Den wichtigsten Grund seiner Vormacht-
stellung bildete der Umstand, dafs, abgesehen von Jute, sämtliche zur Teppichfabrikation erforderlichen Gespinste aus England bezogen werden mufsten. Es gab und gibt noch heute
keine einzige deutsche Spinnerei, welche die erforderlichen
groben Leinengarne gut und billig herstellt. Unter diesen
Umständen wirkte der deutsche Zoll auf Schufsgarn sehr schäd-
lich ein. Eingangsabgaben und Transportkosten bezifferten
sich auf 18 Pfg. pro Yard, d. h. auf $5^1/_2$ Prozent des damaligen
englischen Verkaufspreises. Solange keine Möglichkeit war,
diese Mehrbelastung im Wege der Rückvergütung des Zolls
zum gröfseren Teile zu beseitigen, konnte die deutsche Teppichfabrikation auch nicht hoffen, den Wettbewerb mit England
auf den diesem offenstehenden Märkten mit Erfolg aufzunehmen,
und blieb darauf angewiesen, die ohnehin nicht mehr starke
englische Konkurrenz im Inlande aus dem Felde zu schlagen.

Ein bedeutender Schritt vorwärts war es, als die Zoll-
tarifnovelle vom 22. Mai 1885 die von den Handelskammern
Elberfeld und Barmen seit 1879 immer wieder geforderte
Wiederherstellung des früheren niedrigen Schufsgarnzolles von
3 Mk für 100 kg brachte[1]. Die Produktion der deutschen
Teppichfabrikation hatte inzwischen schon so zugenommen,
dafs englische Ware nur noch in verschwindend kleiner Menge
nach Deutschland kam, doch auch der inländische Markt war
nicht grofs genug für sie, und die Gewinnung ausländischen
Absatzes wurde immer notwendiger. Merkwürdigerweise war
die Barmener Fabrik die einzige, welche diese Notwendigkeit
klar erkannte und sich daher trotz der durch Überproduktion
hervorgerufenen Krise günstig weiter entwickelte.

Die Krisis in der Teppichfabrikation war aber keine
einzeln dastehende Erscheinung. Im wirtschaftlichen Leben
des gesamten deutschen Reiches machte sich nach dem verhältnismäfsig günstigen Jahre 1884, um die Mitte 1885, abermals ein Rückgang fühlbar. Aus allen Gegenden und allen
Industriezweigen kamen die Klagen über weichende Preise
und Entwertung der Rohmaterialien und Halbfabrikate, über
Preisrückgang der Fertigfabrikate und Herabdrückung der
Löhne infolge der stetig wachsenden Konkurrenz, und endlich
über immer schwieriger werdenden Absatz auf dem Weltmarkt.

---

[1] Siehe B.H.B. 1885 S. 9 ff.

Vor allem waren es die hohen Eingangszölle, mit denen die meisten Kulturstaaten zur Hebung der eigenen Industrie sich in den vorangegangenen Jahren abgesperrt hatten, welche das Exportgeschäft von Jahr zu Jahr schwieriger machten; und gerade darauf war die Industrie des Wuppertals mit ihrer Massenproduktion wie kaum eine andere angewiesen. Eine solche Erschwerung machte sich besonders im Verkehr mit Rußland, einem der wichtigsten Absatzgebiete, sodann aber auch mit Frankreich, Österreich und Italien geltend[1].

Wenn trotzdem in Elberfeld-Barmen außerordentliche Arbeiterentlassungen und eine offenbare Notlage unter den Arbeitern nicht eintrat, so war dies in erster Linie wohl der großen Anpassungsfähigkeit der Wuppertaler Fabrikanten, ferner aber auch der Mannigfaltigkeit und Eigenart der Wuppertaler Industrien zuzuschreiben.

Einen völlig aussichtslosen Kampf kämpfte nur die Handarbeit gegen die Maschine. Gewisse Zweige der Samt- und Seidenweberei, welche die Handarbeit als unveräußerliches Eigentum zu besitzen glaubte, wurden ihr entrissen, und Gewebe, die man noch Anfang der achtziger Jahre nur auf Handstühlen hatte herstellen können, wurden jetzt auf Kraftstühlen gefertigt. Der Niedergang wurde noch beschleunigt durch die Nichtbeachtung jeglicher Neuerung. Einrichtungen und Geräte, wie die Handschützen, sind, von den Vorfahren übernommen, bis zum heutigen Tage unverändert geblieben. Alle Verbesserungen begegnen wegen der damit verbundenen Kosten den größten Schwierigkeiten. Immer mehr nahm in den achtziger Jahren die Zahl der mechanischen Stühle zu, und die Zeit, da der letzte Handstuhl aus den schieferbekleideten Häusern des bergischen Landes verschwunden sein wird, war um ein bedeutendes Stück näher gerückt.

Der Fortschritt zur Fabrikation verband sich mit einem Fortschritt auf dem Gebiete der Gesetzgebung, welcher mittelbar ebenfalls der mechanischen Tätigkeit zu statten kam. Das Jahr 1885 brachte das Unfallversicherungsgesetz. In Verbindung damit kam es zur Bildung der „Rheinisch-Westfälischen Textilberufsgenossenschaft". Sie umfaßt die gesamte rheinisch-westfälische Textilindustrie unter Ausschluß der Seiden- und Halbseiden und der Leinenindustrie[2], hat ihren Sitz in M.-Gladbach und ist in sieben Sektionen eingeteilt, von denen die dritte die Sektion Elberfeld, die vierte die Sektion Barmen bildet.

Ihre seit der Gründung jährlich erscheinenden Berichte sind eine wichtige Quelle der Erkenntnis für die Arbeiter-

---

[1] Siehe B.H.B. 1885 S. 1.
[2] Die Seidenindustrie ist ebenso wie die Leinenindustrie in einer selbständigen Berufsgenossenschaft organisiert.

und Lohnverhältnisse der rheinisch-westfälischen Textilindustrie geworden. Zur Zeit ihrer Bildung umfaßte die Genossenschaft 1493 Betriebe mit 87 608 Arbeitern. Hiervon entfielen auf die Sektion Elberfeld 136 Betriebe mit 10 055 Arbeitern, auf die Sektion Barmen 496 Betriebe mit 13 144 Arbeitern. Es kamen also auf einen Betrieb in Elberfeld durchschnittlich 73—74, in Barmen 26—27 Arbeiter[1]. Aus diesem Zahlenverhältnis ergibt sich ohne weiteres die später noch näher zu erörternde Tatsache, daß in Elberfeld der Großbetrieb, in Barmen der Mittel- und Kleinbetrieb, wie ihn die Organisationsform der Lohnfabriken mit sich bringt, vorherrscht. —

Die gespannten Verhältnisse zwischen den großen Militärmächten Europas, die Besorgnis vor dem plötzlichen Ausbruch politischer Katastrophen im Osten oder Westen lasteten in den folgenden Jahren mit schwerem Druck auf der gesamten Geschäftswelt und verhinderten das Zustandekommen neuer Unternehmungen, welche zu ihrem Erfolge eine längere Periode friedlicher Entwickelung als notwendige Voraussetzung beanspruchten.

Das Jahr 1889 endlich brachte den lange ersehnten allgemeinen Aufschwung. Das Gefühl der Unsicherheit, das noch zu Anfang des Jahres 1888 über ganz Europa gelegen und durch den zweimaligen Thronwechsel in Deutschland weitere Steigerung erfahren hatte, war gewichen, und die sichere Entschlossenheit, mit der Wilhelm II. das Erbe seiner Väter antrat, berechtigte zu der Hoffnung auf weitere Dauer des europäischen Friedens.

So konnte eine Belebung von Handel und Industrie nicht ausbleiben, und das Jahr 1889 bildet bis zu dem abermaligen Aufschwung um die Mitte der neunziger Jahre den Höhepunkt der industriellen Entwickelung des Wuppertals. So günstig gestaltete sich die Geschäftslage, daß sogar ein Teil der linksrheinischen Hausindustrie, besonders die Samt- und Seidenhandweberei, die am schwersten darniedergelegen hatte, wieder aufblühte. Eine im August 1889 seitens der Krefelder Handelskammer angestellte Erhebung über die Zahl der im Regierungsbezirk Düsseldorf beschäftigten Handwebstühle ergab etwa 10 000 gegen 3—4000 im Januar desselben Jahres.

Hand in Hand damit ging eine starke Vermehrung der Kinderarbeit, die sich für den Regierungsbezirk auf 87,2 Prozent belief. Mittelbar kam die günstige Industrielage auch dadurch zum Ausdruck, daß die Ausgaben der städtischen Armenverwaltung wesentlich unter dem festgesetzten Etat blieben; eine Tatsache, die zum Teil allerdings auch auf die

---

[1] Vgl. den ersten Bericht über die Verwaltung der Rheinisch-Westfälischen Berufsgenossenschaft, 1885, S. 5.

immer mehr hervortretenden segensreichen Wirkungen der
Kranken- und Unfallversicherung zurückzuführen sein dürfte.
Arbeiterentlassungen kamen fast gar nicht vor, und wo solche,
wie namentlich in der Barmener Knopfindustrie, ausnahms-
weise nötig wurden, fanden die überflüssig Gewordenen ohne
Schwierigkeit in anderen Zweigen der vielgestaltigen Industrie
auskömmliche Arbeit.

War nun auch vorauszusehen gewesen, daſs der raschen
Steigerung eine Abschwächung der Industrietätigkeit folgen
werde, weil die Produktion dem Bedarf ein gutes Stück
vorauseilte, so hatte man doch einen Rückschlag, wie ihn
die Jahre 1890/91 brachten, nicht im entferntesten befürchtet.

Zu den Folgen der Überspekulation traten verschiedene
äuſsere Ursachen hinzu, die den Umschlag der Geschäftslage
zu einem besonders empfindlichen machten. Es waren die
Krisen in den südamerikanischen Staaten und vor allem die
Einführung des Mac Kinley-Tarifs in den Vereinigten Staaten
von Nordamerika. Der Einfluſs der amerikanischen Zollpolitik
auf die Textilindustrie des Wuppertales soll in einem besonderen
Kapitel besprochen werden. Von vornherein ist einleuchtend,
daſs der häufige Wechsel der amerikanischen Zollpolitik seit
1890 auf deutscher Seite eine Unsicherheit zeitigen muſste, die
auf die Produktion hemmend einwirkte. Wenn das Jahr 1890
in dem Hauptausfuhrartikel Barmens (Kordeln, Litzen und
Besatzartikeln) noch eine Steigerung der Ausfuhr zu verzeichnen
hatte, so rührt das unter anderem daher, daſs man vor dem
Inkrafttreten des neuen Tarifs groſse Warenmengen nach den
Vereinigten Staaten exportierte, um noch nach den alten Zollsätzen verzollen zu können Im nächsten Jahre aber trat der
Rückschlag ein, und erst nach Inkrafttreten des weniger pro-
hibitiven Wilson-Gesetzes im Jahre 1894 erreichte der Export dieser ganz besonders leistungsfähigen Branche wieder
die Höhe von 1889. Um so schlimmer stand es mit den
übrigen Zweigen der Textilindustrie.

Die allzeit rührige Barmener Industrie lieſs sich aber dadurch nicht abschrecken. Wiederum griff man zu der Aus-
hilfe, mit neuen Artikeln den schon halb verlorenen Markt
zurückzuerobern. Diesmal waren es aus Eisengarn geflochtene
Strohhutlitzen — ein Erzeugnis der Riemendreherei —, die
man als Neuigkeit auf den Markt brachte, und zwar mit
so viel Erfolg, daſs die eigentliche Strohhutfabrikation dadurch einen Stoſs erhielt, von dem sie sich bis heute noch
nicht erholt hat. Das Eisengarn, ein auf besondere Weise
appretiertes Baumwollgarn, anfänglich zur Fabrikation von
Schnürriemen, später auch zu der von Futterstoffen und
Besatzartikeln aller Art benutzt, ist eine Erfindung des
Wuppertals, die in Barmen allein 13 gröſsere Betriebe,
darunter einen mit 500 Arbeitern, beschäftigt.

Es ist charakteristisch, daſs die Eisengarn- und speziell die Strohhutlitzenfabrikation als echte Surrogatindustrie gerade in den Jahren industriellen Niedergangs ihren höchsten Aufschwung nahm. Der Druck, welcher im übrigen auf der Industrie lastete, steigerte sich noch, als im August des Jahres 1892 in Hamburg die Cholera ausbrach. Wenn die Seuche auch im wesentlichen auf ihren Herd beschränkt blieb, so machten sich ihre verkehrstörenden Wirkungen doch im ganzen deutschen Reiche fühlbar, und die durch sie hervorgerufene Schlieſsung überseeischer Häfen wirkte hinderlich auf den Export ein.

Dem Auf- und Abschnellen der Barmener Besatzartikelindustrie in der ersten Hälfte der neunziger Jahre zu folgen, erscheint kaum möglich, da gegen Ende des 19. Jahrhunderts die Moden von immer kürzerer Dauer werden und immer unerwarteter wechseln. Die Hast, die jeweilige Konjunktur aufs äuſserste auszunutzen, führt regelmäſsig sehr schnell zur Überproduktion, und der Umschlag der Mode wirkt dann doppelt empfindlich. Wollte man eine Geschichte dieses Industriezweiges schreiben, so könnte man kaum ein passenderes Motto dafür wählen als: „Himmelhoch jauchzend, zum Tode betrübt.“

Immer neue Überraschungen traten ein. Zu den angenehmeren gehörte es zweifellos, daſs der Export nach Amerika seit 1895, im Gegensatz zu dem anderer Zweige der Textilindustrie, ziemlich stabil blieb.

Ehe jedoch die neueste Entwickelung näher verfolgt werden kann, muſs der nordamerikanischen Zollpolitik und ihrem Einfluſs auf die Wuppertaler Textilindustrie eine Sonderbetrachtung gewidmet werden.

Deklarierter Wert der Warenausfuhr nach den Vereinigten Staaten von Nordamerika aus dem Konsularbezirk Barmen in Mark.

Jahr	Besatzartikel, Kordeln und Litzen	Textilwaren inkl. Besatzartikel etc.	Gesamtausfuhr	Gesamtausfuhr aus den Bezirken Barmen und Elberfeld in den Jahren 1884—1889
1879	1 150 510	5 289 951	7 267 873	—
1880	1 623 202	9 174 420	12 960 065	—
1881	1 410 456	8 016 375	11 850 497	—
1882	3 086 936	11 175 822	17 069 317	—

Jahr	Besatzartikel, Kordeln und Litzen	Textilwaren inkl. Besatz- artikel etc.	Gesamt- ausfuhr	Gesamtausfuhr aus den Bezirken Barmen und Elberfeld in den Jahren 1884—1889
1883[1]	3 150 818	13 258 767	17 351 068	—
1884	3 738 245	11 300 497	18 284 496	26 727 145
1885	4 357 155	10 835 994	16 893 262	24 861 420
1886	3 711 657	13 338 301	18 842 013	28 465 191
1887	5 413 948	16 546 070	24 254 721	34 543 012
1888	3 776 377	12 015 432	18 078 641	29 510 052
1889[2]	4 491 046	13 399 277	18 279 002	29 102 180
1890	6 253 113	20 245 175	31 595 678	—
1891	4 948 221	17 525 743	24 742 539	—
1892	8 504 101	16 268 655	25 850 743	—
1893	4 385 331	14 595 583	22 160 343	—
1894	4 572 372	12 038 560	21 006 026	—
1895	9 358 364	15 715 906	28 853 646	—
1896	8 580 280	12 865 163	24 540 763	—
1897	10 462 099	15 245 983	27 106 639	—
1898	8 940 738	13 291 933	22 259 710	—
1899	9 090 578	12 902 996	22 184 252	—
1900	8 941 485	11 108 832	20 422 395	—

[1] Im Jahre 1883 wurde für Elberfeld und Solingen ein eigenes nordamerikanisches Konsulat errichtet und die beiden Städte schieden aus dem Konsularbezirk Barmen aus.

Nach den amtlichen Ausweisen betrug die Gesamtausfuhr nach Amerika aus dem Konsularbezirk Elberfeld während der Zeit seines Alleinbestehens:

1884	8 442 649 Mk.
1885	7 968 158 „
1886	9 623 178 „
1887	10 288 291 „
1888	11 431 411 „

[2] Am 1. Juli 1889 wurde der Elberfelder Konsularbezirk wieder aufgehoben und Barmen zugeteilt.

Einschliefslich der Beträge pro I. und II. Quartal des Elberfelder Bezirks betrug die Warenausfuhr im Jahre 1889 29 102 180 Mk.

Zweites Kapitel.

Der Einfluſs der amerikanischen Zollpolitik auf die Textilindustrie von Elberfeld-Barmen.

Die Vereinigten Staaten gehören schon seit langer Zeit zu den wichtigsten Absatzgebieten der Industrie von Barmen und Elberfeld.

Während nun Deutschland von 1892—1903 durch die mäſsigen und unveränderlichen Zollsätze seines Vertragstarifs der Einfuhr aus den Vereinigten Staaten zu einer groſsartigen Entwickelung verhalf, hat Amerika während der gleichen Periode seine Schutzzollpolitik immer mehr auf die Spitze getrieben und innerhalb sieben Jahren seinen Tarif nicht weniger als dreimal verändert.

Vor allem war es die deutsche Textilindustrie, die dadurch erheblich und nachhaltig geschädigt wurde. Richard Calwer hat in seinem Buch über „Die Meistbegünstigung der Vereinigten Staaten von Nordamerika"[1] an schlagenden Beispielen ausgeführt, wie hart der Mac Kinley- und Dingley-Tarif nicht nur die deutsche Ausfuhr, sondern auch Lohn und Lebenshaltung der deutschen Textilarbeiter getroffen hat.

Dies läſst sich für alle deutschen Textilbezirke nachweisen. Auch Barmen macht darin keine Ausnahme, obgleich es, dank der Eigenart seiner Produktion, weniger ungünstig dasteht als viele andere.

Im Jahre 1880 betrug die Warenausfuhr aus dem Konsularbezirk Barmen[2] nach der Union 12 960 065 Mk. Der deutsche Gesamtexport dorthin bezifferte sich in dem gleichen Jahre auf 184 Mill. Mk. Auf den Konsularbezirk Barmen entfielen also rund 7 Prozent der deutschen Ausfuhr nach den Vereinigten Staaten überhaupt.

Im Jahre 1890 betrug die Gesamtausfuhr nach Amerika 416,7 Mill. Mk., die Ausfuhr aus dem Konsularbezirk Barmen 31 595 678 Mill. Mk., also etwa 7¹/₂ Prozent der Gesamtausfuhr.

Im Jahre 1900 bezifferte sich die Gesamtausfuhr auf 439,7 Mill. Mk., die Ausfuhr aus dem Konsularbezirk Barmen auf 20 422 395 Mill. Mk., also auf ca. 4,65 Prozent der deutschen Gesamtausfuhr nach Amerika.

---

[1] Berlin 1902, S. 47 ff.
[2] Der Konsularbezirk Barmen umfaſst Barmen, Lennep, Remscheid und das übrige Bergische Land, Langenberg, Hagen, Iserlohn, das Lennetal, Lüdenscheid, Schalke, Dortmund, Hörde, Bielefeld, bis 1883 auch Elberfeld und Solingen. Elberfeld wurde ihm 1889 wieder einverleibt.

Aus diesen Stichproben ersieht man, dafs Barmen in
dem Auf- und Niedergang seines Exporthandels nach den
Vereinigten Staaten im grofsen und ganzen den Schwankungen
der deutschen Gesamtausfuhr dorthin gefolgt ist, in den letzten
Jahren aber einen mehr als durchschnittlichen Rückgang zu
verzeichnen gehabt hat.

Der Druck, welchen die amerikanische Hochschutzzoll-
politik auf die gesamte deutsche Textilindustrie ausgeübt hat,
kommt also für Barmen nicht nur in dem aus der Tabelle
(S. 13—14) ersichtlichen langsamen a b s o l u t e n Rückgang
seines Exports nach Amerika seit 1890, sondern auch dadurch
zum Ausdruck, dafs sich der Barmener Bezirk, welcher ja zum
gröfsten Teil Textilwaren produziert, an der deutschen Ausfuhr nach Amerika jetzt mit einem geringeren P r o z e n t satz
beteiligt als vor 10 und 20 Jahren.

Die Gesamtausfuhr des Bezirks an Textilwaren nach
Amerika ist von 1890 bis 1900 von 20 auf 11 Mill. Mk., also
um 45 Prozent zurückgegangen; und selbst wenn man das
Jahr 1890, als exzeptionelles Jahr, nicht zur Basis der Berechnung nimmt, sondern an dessen Stelle das Jahr 1891
setzt, ist mmer noch ein Sinken der Textilwarenausfuhr um
ca. 38 Prozent zu konstatieren.

Dafs der Bezirk Barmen im ganzen durch die amerikanische
Zollpolitik immerhin weniger schwer getroffen wurde als z. B.
Plätze wie Gera und Chemnitz (die fast ausschliefslich Stapelartikel für Ausfuhrzwecke fabrizieren und in denen der Export
von Textilwaren nach den Vereinigten Staaten während des
letzten Jahrzehnts des 19. Jahrhunderts um mehr als 50 Prozent
zurückgegangen ist), verdankt er einmal der Tatsache, dafs er
auch den inneren Markt versorgt, vor allem aber seiner
Spezialität der Besatzartikel, deren Ausfuhr nach Amerika
seit 1890 von 6 auf 9 Mill. Mk. angewachsen, also umgekehrt
gerade um 50 Prozent g e s t i e g e n ist.

Die Bänder-, Kordel- und Litzenindustrie wird als Modeindustrie und als Barmener Spezialität durch Zollerhöhungen
fast gar nicht getroffen.

Sieht man aber von den Barmener Artikeln ihrer Aus-
nahmestellung wegen ganz ab, so beträgt der Rückgang des
Textilwaren-Exports (1890—1900) aus dem Barmen-Elberfelder
Konsularbezirk 14 — 2 = 12 Mill. Mk. oder 85 Prozent!

Verfolgt man die Wirkungen der letzten drei amerikanischen
Zolltarife auf die Industrie des Wuppertals etwas eingehender,
so gewinnt man folgendes Bild.

Einschliefslich der Beträge für den bis Mitte 1889 selbständigen Elberfelder Bezirk, betrug die Warenausfuhr nach
Amerika aus dem Konsularbezirk Barmen im Jahre 1889
29 Mill. Mk. Im Jahre 1890 führte die Aussicht auf den Mac

Kinley-Tarif zu einer Steigerung um $2^{1}/_{2}$ Mill. Mk., und davon
entfielen 2 Mill. Mk. auf die Besatzartikel. Aber schon im
zweiten Halbjahr 1890 konstatiert der Berichterstatter[1] der
Handelskammer für eine ganze Reihe von Artikeln eine gewisse Hemmung des Exports nach Amerika. Er tröstet sich
damit, dafs die Abnehmer Wuppertaler Textilwaren in den
Vereinigten Staaten die vor dem Inkrafttreten der Mac
Kinley-Bill angesammelten Bestände demnächst aufbrauchen
würden.

Man gab sich damals also noch der Hoffnung hin, die
Schädigung werde nicht von Dauer sein. Schon das folgende
Jahr 1891 sollte aber in dieser Beziehung eine grofse Ent-
täuschung bringen.

Der Wert der Warenausfuhr aus dem Konsularbezirk
Barmen ging von 31595678 Mk. (in 1890) auf 24742539 Mk.
zurück. Die Abnahme betrug also 6853139 Mk.; sie drückte
den Export auf den Stand des Jahres 1885 zurück. Von der
Abnahme entfielen auf Textilwaren allein fast 3 Mill. Mk.,
und davon wiederum beinahe die Hälfte auf die Barmener
Besatzartikelindustrie.

Der Exportrückgang der Textilindustrie hielt in den
folgenden Jahren an. Der Tiefstand wurde im Jahre 1894
mit 12 Mill. Mk. erreicht. Dies war der Fall, obwohl bereits
unterm 28. August 1893 das sogenannte Wilsongesetz[2] in Kraft
getreten war, das zwar immer noch recht hohe, aber gegen
das Mac Kinley-Gesetz doch ermäfsigte Zollsätze enthielt. Der
amerikanische Käufer, der bis zum Inkrafttreten des neuen
Tarifs seine Bezüge auf ein möglichst geringes Mafs beschränkt
hatte, brauchte anscheinend erst einige Zeit, um sich den
neuen Verhältnissen anzupassen. Erst im Verlauf des zweiten
Vierteljahrs 1895 trat die bisher vergeblich erwartete verstärkte
Nachfrage in Erscheinung, nun aber um so lebhafter, als die
Bestände an fertigen Waren in Amerika durch die lange geübte Zurückhaltung fast gänzlich zusammengeschmolzen waren.

---

[1] Siehe B.H E. 1890 S. 1 und 2.
[2] Der Wilson-Tarif belegte:
Baumwollwaren mit einem Zoll von 40—47$^{1}/_{2}$ Prozent vom Wert
Wollwaren   „   „   „   „   40—50   „   „   „
Seidenwaren   „   „   „   „   45   „   „   „
Samte   „   „   „   „   1,50 Doll. das engl. Pfd.
Plüsche   „   „   „   „   1   „   „   „
    Der Mac Kinley-Tarif belegte im Durchschnitt:
Baumwollwaren mit einem Zoll von 40—60 Prozent vom Wert
Wollwaren   „   „   „   „   40—60   „   „   „
Seidenwaren   „   „   „   „   50—60   „   „   „
Samte und Plüsche mit mindestens 50   „   „   „
Bei 75 Prozent Seide mit 3,50 Doll. das englische Pfund und
    15 Prozent vom Wert.

Wie mit einem Zauberschlag brachte die plötzliche grofse
Nachfrage aus Amerika fast sämtlichen deutschen Gewerben
unmittelbar oder mittelbar lebhafte Beschäftigung, und auch
die meisten Zweige der Wuppertaler Textilindustrie nahmen
daran teil.

Die S. 14 mitgeteilte Tabelle gibt ein deutliches Bild von
diesem grofsen, leider kurzlebigen Aufschwung des Jahres
1895. Der Gesamtexport aus dem Konsularbezirk Barmen
nach der Union stieg um fast 8 Mill. Mk., von denen etwa
die Hälfte auf die Textilindustrie entfiel. In der Besatzartikelbranche betrug die Exportsteigerung sogar mehr als
50 Prozent.

Auch in dem Anwachsen der Arbeiterzahl und der Summe
der gezahlten Löhne spiegelt sich die wirtschaftliche Aufwärtsbewegung. In der Sektion Elberfeld der rheinisch-westfälischen
Textilberufsgenossenschaft wurden am 1. Januar 1895 11 245,
ein Jahr später 12 412 Arbeiter beschäftigt; die Summe der
gezahlten Löhne war im Jahre 1894 8 480 000 Mk., 1895
rund 9 190 000 Mk.[1].

In wie engen Zusammenhang man den wirtschaftlichen
Auf- und Niedergang mit den Änderungen der amerikanischen
Zollpolitik brachte, geht aus dem Elberfelder Handelskammer-
bericht von 1895 hervor.

„Es darf nicht übersehen werden,“ heifst es da, „dafs
der zeitweise Niedergang unserer wirtschaftlichen Verhältnisse
eng mit der Mac Kinley-Bill zusammenhing, wie auch der
nunmehrige Aufschwung nicht lange nach der Ermäfsigung
des amerikanischen Zolltarifs eingetreten ist. Man könnte
hierin fast einen Beweis dafür erblicken, dafs eine Stetigkeit
in der Nachfrage aus den Vereinigten Staaten bis auf weiteres
mit als eine Vorbedingung für die Wohlfahrt unserer Industrie
zu betrachten sei, um so mehr, als sonstige nicht unwichtige
Absatzgebiete der Ausfuhr unserer Fabrikate in den letzten
Jahren verloren gegangen sind[2].“

Schon gegen Mitte des Jahres 1896 wurde immer häufiger
die Befürchtung laut, dafs mifsliche Geldverhältnisse die Vereinigten Staaten zu einer abermaligen Zollerhöhung nötigen
würden. Zwar wurden diese Geldschwierigkeiten durch eine
Anleihe, welche glatt untergebracht werden konnte, fürs erste
noch einmal gehoben, doch kehrte das Vertrauen nur in be-
schränktem Mafse zurück, und die amerikanische Nachfrage
nach Textilwaren nahm wieder erheblich ab.

Noch gröfser wurde die Unsicherheit, als Mac Kinley
von der republikanischen Goldwährungspartei als Präsident-

---

[1] Siehe B.H.E. 1895 Tl. I S. 3.
[2] Siehe B.H.E. 1895 Tl. I S. 4.

schaftskandidat aufgestellt wurde, während die für Silber-
währung eintretenden Demokraten Bryan als Gegenkandidaten
verpflichteten. Mit dem Siege des Republikaners schien eine
Wiederbelebung der hochschutzzöllnerischen Tendenzen un-
vermeidlich, der Sieg des Demokraten aber hätte vermutlich zu einer erschütternden Geldkrisis geführt. Voll Sorge
blickte man daher von Deutschland aus auf das Ergebnis
der Wahl, aus der bekanntlich Mac Kinley siegreich
hervorging.

Man begrüfste dieses Ergebnis in der deutschen Geschäftswelt als das kleinere der beiden befürchteten Übel. Doch
trat der Wiederaufschwung, auf den man sich in Deutschland
vorbereitet hatte, nicht ein, obgleich der amerikanische Kredit
sofort wieder erstarkte, als nicht mehr zu befürchten war,
dafs Geschäfte, welche in Gold abgeschlossen worden, in
Silber bezahlt werden könnten.

Zudem rechtfertigte der von der neuen amerikanischen Regierung eingebrachte Schutzzolltarif die schlimmsten deutscher-
seits gehegten Befürchtungen.

Der sogenannte Dingley-Tarif, welcher am 31. März 1897
vom Repräsentantenhause angenommen wurde und am 24. Juli
desselben Jahres in Kraft trat, erhöhte die ohnehin schon be-
trächtlichen Zölle des Wilson-Gesetzes durchschnittlich noch
um 70 Prozent, so dafs sie für einzelne Warengattungen
durchaus prohibitiv wirkten.

Mit der starken Zollerhöhung ging eine weitgehende
Spezialisierung der einzelnen Positionen Hand in Hand.
Während der Wilson-Tarif die Textilwaren in 51 Positionen
unterbrachte, weist der Dingley-Tarif deren 88 auf, von denen
auf Baumwollwaren (I) 20, auf Flachs, Hanf, Jute und deren
Fabrikate (J) 25, auf Wolle und Wollwaren (K) 36 und auf
Seide und Seidenwaren (L) 7 entfallen. Dabei begnügt sich
der Tarif nicht mit einem Wert- oder Gewichtszoll, wie die
früheren Tarife, sondern erhebt beide nebeneinander.

Für die Hauptartikel von Elberfeld und Barmen stellen
sich die Zollsätze wie folgt:

Baumwollwaren, bei denen jede einzelne Position
wieder in eine ganze Reihe von Unterpositionen eingeteilt ist,
haben 30—45 Prozent vom Wert und aufserdem 1—8 Cents
pro Pfund[1] zu bezahlen.

Auf den wichtigen Artikel Zanella entfällt ein Zoll von
50—55 Prozent vom Wert, und aufserdem 7 oder 8 Cents für
das Quadratyard.

---

[1] Unter Pfund ist hier stets das englische Pfund = 0,454 kg zu
verstehen.

Der Zoll auf Wollwaren beträgt 11 Cents pro Pfund
und 50—55 Prozent des Wertes, der auf Teppiche (Wilton-
und Tournayteppiche) 60 Cents für das Quadratyard und
40 Prozent vom Wert.

Den Zoll auf Samt- und Plüschwaren steigerte der
neue Tarif um 15 Prozent, den auf Seidenstoffe durchschnittlich um 5 Prozent. Es wird auf Seidensamte und
Plüsche eine Abgabe von 1 Doll. 50 Cents pro Pfund und
aufserdem 15 Prozent des Werts erhoben, auf Seidenstoffe
ein Zoll von 50 Cents bis zu 4 Doll. 50 Cents pro Pfund, je
nach der Schwere des Artikels; in keinem Fall aber weniger
als 50 Prozent vom Wert.

Bedeutend ist auch der Zoll, welcher Barmens Spezialität,
die Besatzartikelbranche, trifft. Auf Bänder, Kordeln,
Litzen, Tressen, Spitzen, Stickereien und alle Fabrikate ähn-
licher Art, gleichviel aus welchem Material sie gefertigt sind,
ist ein Zoll von 60 Prozent vom Wert gelegt[1].

Kein Wunder, dafs unter Einwirkung dieses Tarifs der
Export deutscher Textilwaren stark gelitten hat. Von
1027,5 Mill. Mk. im Jahre 1896 sank die deutsche Gesamtausfuhr von Rohstoffen und Fabrikaten der Textil- und Filz-
und Konfektionsindustrie auf 917,1 Mill. Mk. im Jahre 1897
und 890,7 Mill. Mk. im Jahre 1898.

Dafs der Rückgang im Jahre 1897 ein verhältnismäfsig
geringer war, und Barmen für dieses Jahr in seiner Gesamtausfuhr nach Amerika, wie in seinem Export von Textilwaren
sogar eine Steigerung von 2—3 Mill. Mk. zu verzeichnen
hatte, ist lediglich dem Umstand zuzuschreiben, dafs die Aussicht auf die um die Mitte des Jahres eintretende Zollerhöhung
in dem vorhergehenden Halbjahr wiederum exportsteigernd
wirkte.

Die Nachweisungen über die Warenausfuhr nach den Vereinigten Staaten aus dem Konsularbezirk Barmen im
Jahre 1897 zeigen aus diesem Grunde für fast alle Warengattungen einen starken Rückgang der Ausfuhr im dritten
Quartal, wie aus folgender Tabelle hervorgeht:

---

[1] Näheres siehe in der Systematischen Zusammenstellung der Zolltarife des In- und Auslandes. A. Textilindustrie. Herausgegeben im
Reichsamt des Innern. 2. Aufl. Berlin 1901.

Artikel	I. Quartal Doll.	II. Quartal Doll.	III. Quartal Doll.	IV. Quartal Doll.
Besatzartikel . .	213 369	204 705	164 098	218 429
Mohairborten . .	—	—	7 974	4 535
Knopfstoffe . . .	6 176	10 529	4 659	5 335
Hutbänder . . .	224 972	241 231	240 780	294 475
Schnürriemen . .	52 147	61 180	36 393	30 321
Leinenwaren . .	122 984	104 261	58 268	139 392
Seiden- und ver- mischte Baum- wollwaren . .	137 894	173 008	113 357	170 067
Möbelstoffe . . .	9 225	49 210	957	1 578
Wollwaren	—	—	6 628	21 247
Verschiedenes . .	97 780	125 222	27 619	41 546
Garne	24 169	13 431	9 399	19 291
Summa:	888 716	982 777	670 132	946 216

Damit ist eine neue Periode sinkender Textilexporte auch für Barmen eröffnet. Nur die Besatzartikel behaupten allen feindlichen Maßnahmen zum Trotz das Feld — der auf sie entfallende Bruchteil des Barmener Textilexports ist 1897: $9/18$, 1900: $9/11$. Die anderen Textilwaren erreichen mit rund 2 Mill. Mk. einen niemals vorher erreichten Tiefstand. Wie ich den persönlichen Angaben eines Barmener Großsindustriellen entnehme, war es vor allem der Gewichtszoll, welcher die Ausfuhr von billigen Stapelartikeln unmöglich machte, da er sich bei wohlfeiler schwerer Ware oft auf mehr als 100 Prozent des Wertes belaufen haben würde. Lohnend war nur noch die Ausfuhr von Spezialitäten irgend welcher Art, sowie diejenige der allerfeinsten Qualitäten, die in Amerika noch nicht hergestellt werden konnten, und für welche die Käufer sich nicht scheuten, die höchsten Preise zu zahlen.

Hatte man gehofft, daß sich nach dem Kriege mit Spanien, beeinflußt durch eine allgemein günstige Geschäftslage, in Amerika wieder ein lebhafteres Geschäft mit Deutschland entwickeln würde, so sah man sich gründlich getäuscht.

Besonders das Stapelwaren exportierende sächsische Textil- gebiet hatte schwer unter dem Ausbleiben der gewohnten großen Bestellungen aus Amerika zu leiden. Das dadurch verursachte Überangebot auf dem Inlandsmarkt schädigte natürlich auch diejenigen Webereizentren, welche nicht in un- bedingter Abhängigkeit vom nordamerikanischen Markte standen, und drückte den Unternehmergewinn vielfach auf ein Mindest- maß herab.

Zu der immer mehr anwachsenden amerikanischen Kon- kurrenz, welche die hohen Eingangszölle des Dingley-Tarifs großgezogen haben, gehören u. a. auch eine große Anzahl

deutscher, besonders sächsischer Textilfabrikanten, die in den
Vereinigten Staaten Zweigunternehmungen errichteten, als infolge der mangelnden Nachfrage ihrer amerikanischen Kundschaft eine starke Produktionsstockung eintrat. Es handelt
sich hierbei besonders um wollene und seidene Stoffe sowie
um Strumpfwaren. Auch eine Wuppertaler Seidenfirma hat
eine Zweigniederlassung in den Vereinigten Staaten begründet.

Kann es den einzelnen Unternehmern auch kaum ver-
dacht werden, dafs sie, um im Kampf ums Dasein nicht zu
unterliegen, zu diesem Aushilfsmittel greifen, so ist es vom
nationalen Standpunkt aufs tiefste zu bedauern, dafs deutsche
Unternehmer mit ihren in deutschen Betrieben gesammelten
Erfahrungen dazu beitragen, der heimischen Arbeit Absatz
und Beschäftigung zu rauben.

Drittes Kapitel.
Von 1895 bis zur Gegenwart.

Gestaltete sich der Export nach Amerika seit dem Anfang der neunziger Jahre überaus ungünstig, so lag es ander-
wärts nicht viel besser. Neue Absatzgebiete eröffneten sich
den Wuppertaler Artikeln nicht, eher gingen ihnen frühere
verloren.

In der Schweiz gewann die inländische Industrie und
seit dem Inkrafttreten des französisch-schweizerischen Handels-
vertrags die französische Konkurrenz erheblich an Bedeutung.

Auch in Frankreich wurde das Geschäft durch den
Wettbewerb namentlich der St. Etienner Seidenbandfabriken,
welche Barmener Artikel aufnahmen, immer schwieriger.

Der spanische Markt mufste als nahezu verloren betrachtet werden. Ähnlich verhielt es sich mit Portugal
und Österreich, wo die heimische Industrie mehr und mehr
erstarkte und einen grofsen Teil des Bedarfs deckte. Im
Orient lag das Geschäft gleichfalls darnieder. Auch in
Mittel- und Südamerika war der Absatz gering. Leb-
haft gestaltete sich der Export nur nach den skandi-
navischen Staaten und Rufsland. Auch Westindien,
China und Japan waren ziemlich regelmäfsige Abnehmer.
Nur das Geschäft in Weftlitzen, für welche China früher das
wichtigste Absatzgebiet gewesen, ging stetig zurück[1].

So sahen sich die Wuppertaler Fabrikanten mehr und
mehr auf den inneren Markt angewiesen. Sie zogen ihre
Stapelartikel in immer steigendem Mafse vom Export zurück,
legten sich auf Spezialitäten oder suchten den inländischen

---

[1] Siehe B.H.B. 1897 S. 7.

Konsum möglichst an sich zu ziehen. In diesem Bestreben unterstützte sie die wachsende Kaufkraft des deutschen Volkes, welche der wirtschaftliche Aufschwung der zweiten Hälfte der neunziger Jahre im Gefolge hatte. Der vorzügliche Geschäftsgang fast aller Grofsindustrien Deutschlands, und die höheren Preise, welche für Getreide erzielt wurden, vermehrten die Konsumfähigkeit sowohl der industriellen wie der agrarischen Bevölkerung auch für die Erzeugnisse der Textilindustrie. Selbstverständlich bevorzugte die Nachfrage einzelne Fabrikationszweige zu ungunsten anderer. So hatte im Jahre 1897 die Seidenindustrie verhältnismäfsig noch günstigeren Absatz als die Wollwarenbranche, insofern ein gutes Zeichen, als es auf eine Steigerung der Luxusbedürfnisse schliefsen läfst.

Den Höhepunkt des inneren wirtschaftlichen Aufschwungs stellten die Jahre 1898/99 dar. Mit dem Ergebnis dieser Jahre dürften nur diejenigen nicht zufrieden gewesen sein, welche sich noch nicht damit abgefunden hatten, dafs die frühere Grundlage der Wuppertaler Textilindustrie, die umfangreiche Herstellung von Stapelartikeln, für immer geschwunden war. Immer mehr brach sich die Überzeugung Bahn, dafs die Industrie der Zukunft in allen ihren Erzeugnissen einer fortschreitenden Verfeinerung des Geschmackes Rechnung zu tragen habe. Ihren Traditionen getreu pafste sich die Mehrzahl der Wuppertaler Fabrikanten sehr geschickt und rasch dieser Zeitrichtung an. Wie eifrig sie bemüht waren, ihrer neuen Aufgabe gerecht zu werden, beweist u. a. auch die grofse Teilnahme, deren sich der im Jahre 1897 von der Handelskammer zu Barmen gegründete Bergische Verein zur Förderung der Textilindustrie zu erfreuen hatte. Zweck dieses Vereins ist es, eine möglichst vollständige Sammlung von Erzeugnissen der Textilindustrie zu schaffen. Sie dienen als Bildungsmittel für die Schüler der Kunstgewerbeschule, sollen aber auch den Musterzeichnern der Textilindustrie mehr und mehr Gelegenheit bieten, sich darüber zu unterrichten, was die verschiedenen Zweige der Textilindustrie jeweilig auf den Markt bringen. Schon während der ersten zwei Monate der Vereinstätigkeit wurden 1128 Muster von 34 Firmen, im Laufe des ganzen ersten Jahres 14 619 Muster entliehen, ein Resultat, wie es ähnlich der Vogtländisch-Erzgebirgische Textilverein erst im vierten Jahre seines Bestehens verzeichnen konnte [1].

Dafs auch die Arbeiterschaft an den wirtschaftlichen Erfolgen dieser Jahre teilnahm, geht aus den Lohnnachweisungen der Rheinisch-Westfälischen Berufsgenossenschaft hervor: Der Durchschnittsjahreslohn eines Arbeiters stieg von 1895 bis 1899

---

[1] Siehe B.H.B. 1897 S. 20/21 und 1898 S. 25/26.

in Elberfeld von 789,12 Mk. auf 885,38 Mk., also um 96,26 Mk.,
und in Barmen von 817;68 Mk. auf 920,02 Mk., also um
102,34 Mk. Der Löwenanteil davon entfiel, dank der Einigung
der Bandwirkermeister, auf deren Berufszweig.

Wesentlich trugen zu der damaligen Blüte der Industrie
die in Deutschland zuerst angewandten Erfindungen des
Mercerisierens und des Nitrierverfahrens bei, durch welche
auf baumwollenen Garnen seidenähnlicher Glanz erzeugt wird.
Dies Verfahren erlangte namentlich für diejenigen Industriezweige, die sich mit der Veredelung baumwollener Garne be-
fassen, hervorragende Bedeutung und führte wieder zu einer
grofsen Vermehrung der Ausfuhr, da fast die gesamte aus-
ländische Kundschaft sich als sehr aufnahmefähig für solche
Garne und daraus hergestellte Erzeugnisse erwies [1].

Dafs auch der Staat der Elberfeld-Barmener Textilindustrie
erhöhtes Interesse zuwandte, geht aus der Errichtung der
Königl. Webeschule in Barmen hervor, welche am 1. April 1900
zunächst mit einer Abteilung für Musterzeichnen, Konfektion
und Kunststickerei eröffnet wurde.

Die „Preufsische höhere Fachschule für Textilindustrie"
stellt sich die Aufgabe, allen in der Wuppertaler Textilindustrie beschäftigten Personen, Arbeitern, Werkmeistern,
kaufmännischen Angestellten, Zeichnern und Fabrikanten eine
dem erwählten Beruf angepafste technische und geschmack-
liche Ausbildung zu teil werden zu lassen. Entsprechend der
Vielseitigkeit der Wuppertaler Textilindustrie erstrecken sich
die Kurse auf mehr Gebiete, als es in anderen Textilschulen
der Fall zu sein pflegt. So sind Fachabteilungen für Stoff-
weberei, Bandweberei, Flechtartikel und Spitzen, Färberei
und Appretur, Musterzeichnen, Konfektion und Stickerei
vorhanden.

Die notwendige Fühlung dieser Abteilungen mit der Praxis
vermittelt der „Bergische Verein zur Förderung der Textilindustrie"; er stellt seine wertvollen Sammlungen für die
Zwecke des Unterrichts gegen mietfreie Überlassung der erforderlichen Räumlichkeiten zur Verfügung.

So sehen wir am Ende des 19. Jahrhunderts in allen
Zweigen der Wuppertaler Textilindustrie — den schwierigen
Auslandsverhältnissen zum Trotz — reges Leben und mannig-
fache Ansätze zu neuen Entwicklungsstufen. Niemals vorher
hatte die deutsche Industrie einen ähnlichen Aufschwung er-
lebt. In Unternehmer- und Arbeiterkreisen gab man sich der
sicheren Hoffnung auf weiteren Fortbestand der günstigen
Verhältnisse hin. Aber schon Mitte 1900 zeigten sich die

---

[1] Siehe B.H.B. 1899 S. 5.

ersten Vorboten der herannahenden Krise in einem Rückgang
der Arbeiterzahl und einer Beschränkung der Arbeitszeit,
durch welche der Gesamtverdienst vieler Arbeiter wesentlich — meist um ein Sechstel — geschmälert wurde.

So endet der Überblick über die neuere Entwicklung der
Wuppertaler Textilindustrie mit einem Mißklang, der seine
Auflösung noch nicht gefunden hat. Aber die Tüchtigkeit
der niederrheinischen Unternehmer- und Arbeiterklasse begründet die Hoffnung, daß sich die Industrie auch aus der
jetzigen Krise wieder siegreich emporarbeiten werde.

Zweiter Teil.

Arbeiterverhältnisse.

Erstes Kapitel.

Allgemeines.

A. Berufsstatistisches.

Haben wir im Vorstehenden einen Überblick über die Lage und Eigenart der Wuppertaler Textilindustrie gewonnen, so gilt es jetzt, einen Einblick zu tun in die Arbeits- und Lebensweise der Arbeiterbevölkerung, welche auf so schwankendem Boden zu stehen gezwungen ist und von dem Winde der Mode oder der auswärtigen Handelspolitik bald dem einen, bald dem anderen Industriezweig zugetrieben wird.

Die Textilindustrie hat ihren Stempel dem Wuppertal tief aufgedrückt. Fast ein Drittel der Elberfeld-Barmener Stadtbevölkerung gehört ihr an (als Erwerbstätige, Dienende und Angehörige), und zwar nach der Berufszählung von 1895 im Stadtkreise Barmen 359,4 $^0/_{00}$, im Stadtkreise Elberfeld 204,7 $^0/_{00}$. Der Reichsdurchschnitt für die Textilindustrie ist nur 36,7 $^0/_{00}$[1].

Eine Bevölkerung, die von einer einzigen Industrie lebt, wird im allgemeinen von dem Auf- und Abschnellen der Konjunkturen weit abhängiger sein, als eine Einwohnerschaft, die sich gleichmäfsiger auf verschiedene Industrien verteilt. Dank der Mannigfaltigkeit der Wuppertaler Industrie und der durch jahrhundertelange Übung geschulten Anpassungsfähigkeit sowohl der Unternehmer- als auch der Arbeiterschaft liegen die Verhältnisse dort jedoch bei weitem nicht so ungünstig, wie es auf den ersten Blick den Anschein hat, und wie es z. B. in der einheitlicheren Textilindustrie Sachsens und Schlesiens der Fall ist. Es kommt, wie wir gesehen haben, äufserst selten vor, dafs in allen Teilen der weit verzweigten Industrie gleichzeitig Produktionsstockungen eintreten, und so ist meist ein gewisser Ausgleich möglich, indem die Arbeiter, die auf der

---

[1] Siehe Statistik des Deutschen Reiches, Bd. 111, N. F., S. 398.

einen Seite überflüssig geworden sind, sich demjenigen Zweige zuwenden, welcher im Augenblick von der Mode begünstigt wird.

Über die Zahl der im Wuppertal bestehenden textil-industriellen Betriebe haben wir zum erstenmal durch die Berufszählungen sichere Auskunft erlangt. Nach der letzten Erhebung (1895) belief sich die Gesamtzahl der textilindustriellen Betriebe in Barmen-Elberfeld auf 4225, von denen in Elber-feld 574, in Barmen 1069 Gehilfenbetriebe waren[1]. Unter ihnen stehen in Elberfeld die Webereien und Färbereien so-wohl baumwollener, als auch halbseidener und seidener Stoffe, in Barmen die Bandwirkereien und Riemendrehereien an erster Stelle. Nach den Erhebungen der Barmener Handelskammer vom Sommer 1898 waren in Barmen und nächster Umgebung rund 5000 Bandstühle mit im ganzen 5700 Arbeitern im Be-trieb, an welche im Jahre 1897 ein Gesamtlohn von ca. 5$^{1}/_{2}$ Mill. Mk. ausgezahlt wurde. Die Zahl der Riemen-drehereien betrug nach den jüngsten Angaben 120, mit rund 1400 Riementischen und 4000 Gesellen.

B. Lohnverhältnisse.

Umfassende statistische Mitteilungen über die im Wuppertal gezahlten Löhne liegen in Bezug auf die Textilindustrie nur vor, insoweit sie der Rheinisch-Westfälischen Berufsgenossen-schaft angehört. Ihr ist nicht einverleibt die Seidenindustrie, die sich in einer selbständigen, die gesamte deutsche Seiden-produktion umfassenden Berufsgenossenschaft organisiert hat; die statistischen Angaben derselben gehen leider nicht weit genug ins Einzelne, als daß die im Wuppertal bestehenden Lohn- und Arbeitsverhältnisse daraus entnommen werden könnten. Anders in der übrigen Textilindustrie. Da die Städte Elberfeld und Barmen abgeschlossene Sektionen der Rheinisch-Westfälischen Textilberufsgenossenschaft bilden, so ist es möglich, den von ihnen aufgestellten Katastern, nach denen die vorstehenden Tabellen zusammengestellt sind, manchen interessanten Aufschluß zu entnehmen. Allerdings muß in Betracht gezogen werden, daß in die Zahl der Arbeiter auch die jugendlichen, weiblichen und die noch nicht völlig aus-gebildeten, sowie die Saisonarbeiter einbegriffen sind. Daher bieten die Übersichten kein scharfes Bild; die tatsächlichen Lohnbezüge übersteigen bei der Mehrzahl der männlichen Ar-beiter die Durchschnittslohnhöhe. Wohl aber geht aus den Tabellen mit Deutlichkeit hervor, daß die Löhne sich in fort-während Aufwärtsbewegung befinden.

Bei Betrachtung der Tabelle B (S. 30), welche eine Zu-sammenstellung der Durchschnittslöhne pro Arbeiter und Jahr

[1] Siehe Statistik des Deutschen Reiches, Bd. 119, N. F., S. 268.

in den sieben Sektionen der Berufsgenossenschaft bietet, ergibt
sich ferner, dafs im Wuppertal erheblich höhere Löhne gezahlt
werden, als in den übrigen zur Genossenschaft gehörigen Textil-
industriezentren.   Als Grund hierfür kann wohl die höhere
Spezialisation der Wuppertaler Artikel sowie der Rückgang
der Stapelwarenproduktion angeführt werden.

Die Tabelle A (S. 29) weist u. a. den bereits erwähnten
charakteristischen Unterschied zwischen Elberfeld und Barmen
in Bezug auf die Betriebsgröfse auf.   In Elberfeld entfallen
heute auf einen Betrieb ca. 65, in Barmen ca. 20 Arbeiter.
Dieser Unterschied ergibt sich aus dem Vorherrschen der
Bandwirkerei und Riemendreherei in Barmen, die zum grofsen
Teil hausindustriell und in kleinen Lohnfabriken betrieben
werden, während die Betriebsform der in Elberfeld heimischen
mechanischen Weberei der fabrikmäfsige Grofsbetrieb ist.

Wie fast überall in der Textilindustrie, so ist auch im
Wuppertal das Akkordlohnsystem vorherrschend und in der
Weberei sogar allgemein.   Dem Akkordsatz wird in der Regel
eine gewisse Schufszahl zu Grunde gelegt.   Geübte Weber
und Weberinnen in der Zanella- und sonstigen Stapelwaren-
fabrikation sind häufig im stande, zwei Stühle gleichzeitig
zu bedienen.   Der Jacquardstuhl erfordert die ungeteilte
Aufmerksamkeit eines Arbeiters.   Die Wochenlöhne in der
Weberei bewegen sich für erwachsene Arbeiterinnen zwischen
12 und 16 Mk.   Die männlichen Weber bringen es auf einen
höheren Wochenverdienst, im besten Falle etwa 21 Mk.

In den meisten Riemendrehereien, sowie für alle diejenigen
Verrichtungen, bei denen sich das Akkordsystem nicht an-
wenden läfst — wie vor allem in der Färberei, Druckerei
und Appretur, ferner auch bei allen Hilfsarbeiten, dem
Spulen, Haspeln, Legen, Verpacken u. s. w. — ist das Zeit-
lohn-, und zwar mit besonderer Vorliebe das Stundenlohn-
system eingeführt, d h. die Lohnsätze werden nach Arbeitsstunden berechnet.   Dieses System ist für die Unternehmer
weit günstiger als die Berechnung des Lohnes nach Tagen
oder Wochen, da es ihnen gestattet, zu Zeiten geringer Produktion die Löhne genau im Verhältnis zur Arbeitszeit zu
reduzieren.   Praktisch gestalten sich die Dinge etwa so.   Ein
Arbeiter, der einen Stundenlohn von 30 Pfg. erhält, kommt
bei Innehaltung des normalen zehnstündigen Arbeitstages auf
einen Tagesverdienst von 3 Mk.   Mufs nun in schlechten
Zeiten die Arbeit eingeschränkt werden, so dafs z. B., was
häufig geschieht, anstatt zehn nur sieben und eine halbe Stunde
gearbeitet wird oder die Fabrik am Montag geschlossen bleibt,
so wird dem betreffenden Arbeiter vom Wochenverdienst im
ersteren Falle sechsmal 0,75 = 4,50 Mk., im zweiten Falle der
normale Tagesverdienst von 3 Mk. abgezogen.

In der Riemendreherei, in der aufser einigen die Aufsicht

Tabelle A.

Betriebe, Arbeiter und Löhne in der Textilindustrie von Elberfeld und Barmen (ausschl. der Seidenindustrie), nach den von der Rheinisch-Westfälischen Textilberufs-genossenschaft aufgestellten Katastern zusammengestellt.

Jahr	Zahl der Betriebe		Gesamte Durchschnittszahl der Arbeiter		Gesamtbetrag der Löhne Mk.		Durchschnittsjahreslohn eines Arbeiters Mk.	
	Elberfeld	Barmen	Elberfeld	Barmen	Elberfeld	Barmen	Elberfeld	Barmen
1. Okt. 1885 bis 31. Dez. 1886	166	546	10 194	14 247	9 128 395	13 162 832	720,09	749,49
1887	178	636	10 435	14 879	7 586 043	11 099 298	726,97	744,23
1888	180	678	10 727	14 979	8 005 016	11 533 231	746,25	769,96
1889	183	741	11 015	15 963	8 566 433	12 438 136	777,71	779,19
1890	185	753	11 396	16 661	8 762 951	13 189 351	768,95	791,63
1891	181	801	11 275	17 301	8 544 453	13 679 810	757,83	790,69
1892	180	837	11 238	17 314	8 536 420	13 702 463	759,60	791,41
1893	179	867	11 509	18 225	8 824 108	14 526 739	766,71	797,08
1894	182	857	11 181	17 767	8 430 975	14 217 204	754,04	800,20
1895	160	870	11 694	18 435	9 228 016	15 073 386	789,12	817,68
1896	174	953	12 113	19 469	9 631 984	16 402 069	795,18	842,47
1897	174	936	11 811	20 074	9 606 677	17 047 780	813,37	849,25
1898	175	1023	11 606	20 845	9 689 717	18 317 123	834,89	878,73
1899	170	1072	11 787	21 962	10 153 323	19 849 403	861,40	903,80
1900	176	1077	11 540	22 083	10 217 483	20 316 842	885,38	920,02

Tabelle B.

Übersicht der in den sieben Sektionen der Rheinisch-Westfälischen Berufsgenossenschaft pro Arbeiter und Jahr gezahlten Durchschnittslöhne.

	1886	1887	1888	1889	1890	1891	1892	1893	1894	1895	1896	1897	1898	1899
I. Düsseldorf	609,50	642,06	644,44	641,58	650,11	653,80	656,08	662,31	664,23	674,32	684,48	693,04	722,75	743,65
II. M. Gladbach	607,17	642,39	641,48	639,49	641,40	634,46	633,68	644,91	636,25	653,60	669,92	680,46	695,46	730,66
III. Elberfeld	720,09	726,97	746,25	777,71	768,95	757,83	759,60	766,71	754,04	789,12	795,18	813,37	834,89	861,40
IV. Barmen	749,49	744,23	769,96	779,19	791,63	790,69	791,41	797,08	800,20	817,68	842,47	849,25	878,73	903,80
V. Lennep	598,56	612,32	619,05	623,28	620,65	607,32	615,14	626,78	621,94	624,54	641,02	649,68	671,83	690,76
VI. Aachen	544,57	567,82	595,40	622,33	628,44	644,25	640,18	644,79	626,70	670,07	687,29	685,34	705,00	726,65
VII. Münster	522,19	523,19	539,37	550,97	565,90	570,90	582,09	589,13	602,00	611,14	629,08	640,85	665,52	689,16

führenden Meistern hauptsächlich Frauen beschäftigt werden, finden wir Wochenverdienste von 9--14 Mk. bei den erwachsenen, von 5—10 Mk. bei den jugendlichen Arbeiterinnen.

Nach der Lohnliste der Stückfärberei-Vereinigung des Wuppertals vom Mai 1901 werden folgende Lohnsätze gezahlt: Männlichen Arbeitern von 20 Jahren und darüber für zehnstündige Arbeitszeit 2,75 Mk. Mindestlohn, nach Leistungen steigend bis 3,25 Mk.

Weiblichen Arbeitern von 18 Jahren und darüber 2 Mk. Mindestlohn, steigend bis 2,35 Mk. Überstunden werden mit einem Zehntel des Tagelohns plus 5 Pfg. bezahlt[1].

Das Zeitlohnsystem ist in der Färberei vielfach mit einem Prämiensystem verbunden, das etwa folgendermaßen gehandhabt wird. Jeder Färber, der eine Partie von drei tadellosen Stücken abliefert, erhält 5 Pfg. Belohnung und für weitere tadellose Stücke derselben Partie über die Zahl drei hinaus abermals 5 Pfg. Umgekehrt werden ihm für drei beschmutzte Stücke der gleichen Partie 5 Pfg. und für jedes weitere beschmutzte Stück wiederum 5 Pfg. von seinem Lohn abgezogen. Liefert ein Färber fortgesetzt fehlerfreie Stücke ab, so gewährt ihm der Unternehmer nach eigenem Ermessen von Zeit zu Zeit eine höhere Prämie, welche vielfach die Höhe von 1 Mk. erreicht. Auf der anderen Seite macht der Unternehmer bei fortdauernd schlechter Arbeit aber auch nach eigenem Ermessen Abzüge. Über die Prämienbezüge und Strafabzüge wird besonders Buch geführt. In den Fabriken, die das Prämiensystem eingeführt haben, bringen es die tüchtigen Arbeiter auf 2—3 Mk. Prämiengelder wöchentlich. Die Färber sind für die Arbeit ihrer Gehilfen verantwortlich, d. h. sie werden auch für die von diesen gelieferten Stücke prämiiert oder bestraft.

Jahresgehälter gehören in der Wuppertaler, wie in der Textilindustrie überhaupt, zu den Seltenheiten. In der Regel sind nur die Werkmeister, sowie die Musterzeichner, Patroneure und Kartenschläger mit festem Gehalt angestellt. Erstere erhalten bis zu 2400 Mk., die drei letzteren in der Regel 3000 Mk. jährlich. Sie gehen aber nur in den seltensten Fällen aus der Fabrikarbeiterklasse hervor, da ihre Ausbildung mehrere Jahre erfordert und ziemlich kostspielig ist.

Einer aus Arbeiterkreisen stammenden Anregung folgend, hat man die wöchentliche Lohnauszahlung in Barmen und Elberfeld in vielen Betrieben auf den Donnerstag oder Freitag verlegt[2]. Schon lange hatte man bemerkt, daß die Lohnzahlung am Sonnabend mit dem Blaumachen am folgenden Montag in engem Zusammenhang stand. Der Arbeiter, der

---

[1] Siehe „Freie Presse" vom 10. Mai. 1901.
[2] Siehe J. d. G. 1888 S. 121.

die ganze Woche hindurch spät abends heimkehrt und am
nächsten Morgen früh wieder an die Arbeit gehen mufs, ist
erklärlicherweise geneigt, den arbeitsfreien Sonntag ausgiebig
zu benutzen. Erhält er seinen Lohn am Sonnabend Abend
ausgezahlt, so artet das berechtigte Vergnügen leicht zum
Übermafs aus, und nur allzu häufig wird der eben erst emp-
fangene Lohn in einer Nacht und einem Tage verjubelt. Bei
einer solchen Benutzung des Sonntags ist es ferner fast selbstverständlich, dafs viele Arbeiter am Montag müde und ab-
gespannt zur Arbeit kommen oder zum Teil auch ganz weg-
bleiben.

C. Arbeitszeit.

Die Arbeitszeit beträgt in der Wuppertaler Textilindustrie
heute fast durchweg nur noch zehn Stunden für erwachsene
Arbeiter männlichen und weiblichen Geschlechts. Der Arbeitstag läuft im Winter meist von $7^1/_2$ Uhr morgens bis
7 Uhr abends und im Sommer von 7 Uhr morgens bis
$6^1/_2$ Uhr abends. In der Regel findet nur e i n e Arbeitspause,
und zwar mittags von $12-1^1/_2$ Uhr statt. Fabriken, welche
aufserdem noch eine Vesperpause von $4-4^1/_2$ Uhr gewähren,
arbeiten dafür eine halbe Stunde länger. Die jugendlichen
Arbeiter haben noch eine Erholungspause von $10-10^1/_2$ Uhr
morgens.

Noch in den achtziger Jahren herrschten in Wuppertaler
Fabrikantenkreisen sehr ungünstige Meinungen über die Einführung eines zehn-, ja selbst eines elfstündigen Maximalarbeitstages. So weist der Elberfelder Handelskammerbericht
von 1884 auf die ungünstigen Erfahrungen hin, die mit dem
elfstündigen Normalarbeitstag in der Schweiz gemacht wurden.
Er bestreitet die Möglichkeit einer strikten Durchführung der
Mafsregel in vielen Industriezweigen und sucht dann rech-
nungsmäfsig zu beweisen, dafs die beschränkte Arbeitszeit
bei Belassung der alten Stücklohnsätze die Verteuerung
sämtlicher deutscher Industrieerzeugnisse und eine schwere
Beeinträchtigung der deutschen Konkurrenzfähigkeit auf dem
Weltmarkt zur Folge haben müsse. Um sich von dem Vor-
wurf rein zu waschen, dafs er lediglich im Interesse der
Fabrikanten spreche, geht der Bericht sodann zur Erörterung
der Frage über, welchen Einflufs eine Beschränkung der Arbeitszeit vermutlich auf die Einnahmen des A r b e i t e r s ausüben werde. Diese Frage beantwortet er im Anschlufs an
eine s. Z. von fünf der bedeutendsten Wuppertaler Zanella-
webereien an den Deutschen Reichstag gerichtete Petition, in
der es u. a. heifst:

„Belassen der alten Stücklöhne würde als der für den
Arbeiter denkbar günstigste Fall zu betrachten sein, seine

Einnahme allerdings bei Beschränkung der Arbeitszeit auf 10 Stunden voraussichtlich um $1/11$ bis $1/6$ heruntergedrückt werden, je nachdem er bisher 11, $11^1/_2$ oder 12 Stunden pro Tag arbeitete.

Doch noch schlimmere Folgen müfste der Antrag[1] für die betroffenen Arbeiterfamilien haben, insofern er die Frauenarbeit in Fabriken noch weiter bezw. unter die Arbeitszeit der Männer zu beschränken anstrebt. In der Zanellaweberei werden heute nämlich mehr Weberinnen als Weber beschäftigt.

Die Weberinnen im allgemeinen früher zu entlassen als die Weber, die in gleichem Betriebe mit ihnen arbeiten, würde nicht angehen, ohne den Betrieb in vielen Teilen im ganzen Umfange bis zur späteren Entlassung der Männer aufrecht zu erhalten, und würden dadurch die Herstellungskosten noch über die Wirkung der Arbeitsbeschränkung hinaus erhöht werden.

Bei der dadurch entstehenden Unzuträglichkeit läge die Gefahr nahe, dafs die Weberei auf die Dauer die weiblichen Arbeiter durch männliche ersetzte, weil letztere ihr durch die längere Arbeitszeit eine bessere Ausnutzung des Anlagekapitals gestatten würden.

Auf der einen Seite also durch Beschränkung der Arbeitszeit des Familienhauptes und eines oder mehrerer Familienglieder wesentlich verminderte Einnahmen der Arbeiterfamilie, bei gleichzeitig verschlechterter Rentabilität des angelegten Kapitals und der eigenen Arbeitskraft für den Arbeitgeber, der höhere Verkaufspreise infolge des plötzlich veränderten deutschen Arbeitsmarktes im Export natürlich nicht erzielen kann. Auf der anderen Seite das Streben, trotz geringerer Leistung dem Arbeiter und den Seinigen das bisherige Einkommen zu sichern und die ganzen Mehrkosten der Ware auf den Arbeitgeber abzuwälzen, der infolgedessen zweifellos für einen grofsen Teil seines Exportgeschäfts konkurrenzunfähig wird, dasselbe also nicht mehr machen kann und somit seine Arbeiterzahl verringern mufs.

In beiden Fällen Schädigung des Arbeitgebers wie des Arbeiters und somit auch des nationalen Wohlstandes."

Die Erfahrungen, die seit der gesetzlichen Einführung des elfstündigen Maximalarbeitstages für Frauen und dessen faktischer Ausdehnung auf die männlichen Arbeiter in fast allen Industriezweigen gemacht worden sind, haben diese Be-

---

[1] Antrag Hertling und Genossen auf Einführung eines allgemeinen deutschen zehnstündigen Normalarbeitstages für den erwachsenen männlichen Arbeiter, bei weiter verminderter Arbeitszeit für die erwachsene Arbeiterin.

fürchtungen sämtlich widerlegt. Es ist mittlerweile fast zum
nationalökonomischen Gemeinplatz geworden, daſs bei kürzerer
Arbeitszeit und Beibehaltung der alten Stücklohnsätze die Arbeitsleistung innerhalb gewisser Grenzen eine steigende Tendenz
zeigt. Dennoch hat es sehr lange gedauert, bis diese Meinung
in die Fabrikantenkreise eingedrungen ist, und es gibt auch
heute immer noch einzelne unter ihnen, die nicht überzeugt
sind. Jedenfalls herrschte bis in die Mitte der neunziger Jahre
hinein heftiger Streit zwischen Arbeitnehmern und Arbeitgebern über die Frage der Arbeitszeit. Die Erhebungen, die
von Zeit zu Zeit über die Arbeitsdauer in den verschiedenen
Zweigen der Textilindustrie von Gewerbeinspektion und
Handelskammern gemacht worden sind, ergeben aber, daſs
sich schon von Mitte der achtziger Jahre an ein Umschwung
zum Besseren anbahnte.

Noch im Jahre 1885 finden wir im Bericht der Gewerbeinspektion über die Arbeitsdauer der einschichtigen Betriebe
des Regierungsbezirks Düsseldorf folgende Angaben[1]:

In den Spinnereien jeder Art ist die $13^{1}/_{2}$- bis
14 stündige Schicht mit 12 wirklichen Arbeitsstunden die Regel.
Einzelne Baumwoll- und Streichgarnspinnereien arbeiten jedoch regelmäſsig 1—2 Stunden länger, so daſs die
Arbeiter von früh 6 Uhr bis 12 Uhr mittags und von 1 Uhr
nachmittags bis 8 oder 9 Uhr abends beschäftigt sind.
In den Webereien, besonders in Streichgarn- und
Halbwollwebereien sind selbst in den flottesten Zeiten
nur 10 wirkliche Arbeitsstunden üblich, einzelne haben
jedoch im Winter 10, im Sommer 11, in guten Zeiten selbst
13—14 Stunden Arbeitszeit. Baumwoll- und Bunt-
webereien haben gewöhnlich 11—12 stündige Arbeitsdauer,
die aber in flotter Geschäftszeit um 1—$1^{1}/_{2}$ Stunden vermehrt
wird. Auch in der Seiden- und Sammetweberei ist
die 11—12 stündige, in der Riemendreherei die 12 stündige
Arbeitszeit eine bei jeder Konjunktur durchbrochene Regel.
Gleiches gilt von den Appreturen und Färbereien,
welche, namentlich jene für Seide und Sammet, in ihrer zeitweise auf 4—5 10 stündige Arbeitstage verminderten und dann
wieder auf sieben 14 stündige Arbeitstage ausgedehnten Arbeits-
woche ein getreues Abbild einer Saisonindustrie bieten, wie
es sich in den Baumwolldruckereien mit im Winter 9,
in der Saison $13^{3}/_{4}$ Arbeitsstunden wiederholt.
Ständige Ausnahmen bilden manche Teilbetriebe einzelner
Fabrikationszweige, so Kunstwollfabriken, Buntdruckereien,
Stück- und Türkischrotfärbereien, Wollwäschereien, Türkisch-
rotgarnfärbereien mit regelmäſsigen Tag- und Nachtschichten
von 12 stündiger Dauer. Um aber einen regelmäſsigen wöchent-

---

[1] Siehe J. d. G. 1885 S. 54, 55.

lichen Wechsel in der Tag- und Nachtschicht zu ermöglichen,
wird es hier notwendig, daſs eine der Schichten von Sonnabend
zu Montag 18 Stunden arbeitet. Diese sogenannte lange Schicht,
die zuweilen auf 24 Stunden steigt, während der zweiten
Schichtkameradschaft daraus eine ebenso lange Ruhe erwächst,
ist nicht zu umgehen.

Diese Erhebungen hatten zur Folge, daſs unter den
Spinnereien des Bezirks Düsseldorf eine Vereinbarung zu
stande kam, wonach sich die Unternehmer unter einer Kon-
ventionalstrafe von 50—1000 Mk., die an die Betriebskrankenkasse zu entrichten war, zur Innehaltung einer höchsten
12 stündigen Arbeitszeit verpflichteten[1].

Im Jahre 1889 führten vielseitige Klagen der Barmener
Riemendrehereiarbeiter über die in ihren Betrieben herrschende
regelmäſsige 12 stündige, häufig aber sogar 14—15 stündige
Arbeitszeit zu eingehenden Ermittelungen der Barmener
Handelskammer. Es wurde bei dieser Gelegenheit festgestellt,
daſs die Tagesarbeit in den Riemendrehereien in die Zeit von
morgens 6 bis abends 8 Uhr fiel. Unter Abrechnung der
Mittagszeit und Kaffeepause betrug sie bei ermittelten 3250 Arbeitern durchschnittlich 11$\frac{1}{3}$ Stunden, in der Regel aber nur
11 Stunden. Die 12 stündige Arbeitszeit zählte zu den sehr
geringen Ausnahmen, eine noch längere kam kaum vor. Regelmäſsige Überstundenarbeit von meist nur einer Stunde konnte
nur in fünf Betrieben mit im ganzen 80 Arbeitern, regelmäſsige
Nachtarbeit nur in drei Betrieben mit etwa 50 Arbeitern nach-
gewiesen werden, Sonntagsarbeit gab es nicht[2].

Aus diesen Mitteilungen erhellt einerseits, wie sehr man sich
hüten muſs, einseitigen Behauptungen ohne weiteres Glauben
zu schenken, andererseits aber bieten sie auch nicht das erfreuliche Bild dar, das der Berichterstatter der Handelskammer
daraus konstruieren zu können glaubte. Charakteristisch für
den seit 1885 eingetretenen Ideenumschwung ist aber, daſs
die Handelskammer im Anschluſs an diese Erörterungen für
die Abschaffung der Überstundenarbeit sowie für die Einführung eines einheitlichen Normalarbeitstages von „vielleicht
allgemein 11 Stunden" plädierte.

Wenn nun auch heute, dank der verschärften Schutzgesetzgebung, Arbeitszeiten wie die für die achtziger Jahre
mitgeteilten regelmäſsig nicht mehr vorkommen, und — dank
dem Drucke der organisierten Arbeiterschaft — wie eingangs
bemerkt, sogar der zehnstündige Arbeitstag für die meisten
Fabriken die Regel geworden ist, so wird in flotten Zeiten
von der Befugnis, erwachsene Arbeiterinnen an 40 Tagen im
Jahr bis zu 13 Stunden arbeiten zu lassen (R.G.O. § 138 a),

---

[1] J. d. G. 1886 S. 86.
[2] J. d. G. 1889 S. 113 und B. H. B. 1889 S. 9.

doch sehr ausgiebig Gebrauch gemacht. So wurden z. B. im
Jahre 1895 noch 56 141, im Jahre 1896 35 324 Überstunden
in Barmen bewilligt, in Elberfeld 17 122 und 16 210 [1]. Die
Mehrzahl der Überarbeitsbewilligungen entfiel auf Webereien
von in der Wolle gefärbten Waren und auf Fabriken von
Besatzartikeln. Als Begründung wurde von den Wollweberei-
besitzern in den Anträgen regelmäſsig angeführt: trotz früh-
zeitig abgeschlossener Lieferungsverträge würde die verlangte Färbung und Nüancierung von den Bestellern erst
so spät angegeben, daſs die Lieferungstermine ohne Zuhilfenahme von Überstunden nicht eingehalten werden könnten.
Alle Versuche, hierin Wandel zu schaffen, sind bisher vergeblich gewesen, und selbst das Angebot erheblicher Preis-
ermäſsigung erwies sich als nutzlos. In der Riemendreherei
macht vor allem die Verpackung der Ware, welche vor Ein-
gang der Bestellung nicht ausgeführt werden kann, Überarbeit
erforderlich.

Sonntagsarbeit und Nachtarbeit kommen seit der Gewerbe-
ordnungsnovelle vom 1. Juni 1891 nur noch in seltenen Aus-
nahmefällen vor.

D. Beziehungen zwischen Arbeitern und Arbeitgebern.

Im ganzen kann wohl behauptet werden, daſs die Lage
der Textilarbeiter im Wuppertal günstiger ist als irgendwo
sonst in Rheinland-Westfalen, wie sich schon daraus ergibt,
daſs sie unter allen die höchsten Lohnsätze beziehen. Die
Geschicklichkeit, der Fleiſs und die Nüchternheit der Arbeiterschaft wird von den Unternehmern oft lobend hervorgehoben.
Trotz des ausgeprägten wirtschaftlichen und politischen Gegen-
satzes zwischen Arbeiter- und Unternehmerparteien aber, und
trotzdem es im Kampfe zwischen beiden hüben und drüben
an scharfen Ausfällen und schroffen Maſsregeln nicht gefehlt
hat, ist es doch niemals zu Ausschreitungen schlimmerer Art
gekommen.

Als Beweis dafür, daſs nicht nur auf seiten der Unternehmer die Tendenz vorliegt, einen festen Stamm von Arbeitern an ihren Betrieb zu fesseln, sondern auch auf seiten
der Arbeiter die Neigung besteht, ein und derselben Fabrik
möglichst lange treu zu bleiben, möge folgende von der
Barmener Handelskammer im Jahre 1887 zusammengestellte
Tabelle über die Länge der Dienstzeit in 21 Barmener
Fabriken dienen.

---

[1] Siehe J. d. G. 1895 S. 148; dito 1896 S. 252.

Übersicht der ununterbrochenen Arbeitsdauer der Arbeiter in einigen Barmener Fabriken.

	bis zu 3	über 3–5	5—10	10—15	15—20	20—25	25—30	30—35	35—40	40—45	45—50	über 50
Bänder, Litzen und Besatzartikel.												
In einer Fabrik . männl.		46	16	21	17	9	2					
weibl.		39	24	1	2	3	2					
„ „ 2. „ männl.		10	6		4			1				
weibl.		15	10		3				1			
„ „ 3. „ männl.		44	20	6	8	4	1	1				
„ „ 4. „ männl.		44	14	5	3		1					
„ „ 4. „ männl.		170	40	17								
(besteht seit 18 Jahren) weibl.		110	10	3								
In einer 5. Fabrik männl.	110	26	14	8	3	4						
„ „ 6. „ männl.	10	8	20	28	5	7		3	2	1	2	
weibl.	21	17	10	4							1	
„ „ Lohn-Riemen-dreherei männl.		122	12	10	6	3	2					
weibl.		47	19	8	1							
Gummielastische Waren.												
In einer Fabrik . männl.		56	19	13	13	6						
weibl.		28	8	2	5							
„ „ 2. „ männl.		68	15	19	14	11						
In einer mech. Weberei												
männl.	26	4	16	17	7	6	1	1				
weibl.	104	20	18	8	2							
Eisengarnfabriken.												
In einer Fabrik . männl.	80	20	19	25	17	18	7	9	1			1
weibl.	103	39	31	14	18	4	3	6	1			2
„ „ 2. „ männl.		15	14	16	7	6		5				
weibl.		26	12	11	5							
„ „ 3. „ männl.	17	17	8	4	1	1						
Knopffabriken.												
In einer Fabrik . männl.		105	16	17	15	16						
„ „ 2. „ männl.	18	6	23	13	8							
„ „ 3. „ männl.		7	2	2	1	5	4	6			3	1
weibl.		2	1	1	1	1		1		1		
„ „ 4. „ männl.		130	50	12	8							

| | Arbeiter | | | | | | | | | | |
| | Jahre | | | | | | | | | | |
	bis zu 3	über 3—5	5—10	10—15	15—20	20—25	25—30	30—35	35—40	40—45	45—50	über 50
In einer Maschinen- fabrik . . . männl. In einer 2. Fabrik männl.	78 59	12 29	4 3	2 8	1 4	 1	9					
In einer Stück- färberei männl.	194	34	30	11	9	2						

Eine Türkischrotgarnfärberei gibt an: ca. 30 über 5 Jahre, davon
mehrere über 30 Jahre.
Anmerkung: Die Trennung der Zahlen in Bezug auf männliche und
weibliche Arbeiter ist leider nicht überall durchgeführt, ebenso
wenig die Scheidung bis zu 3 Jahren.

Diese Zusammenstellung verdient, obgleich sie nur verhältnismäſsig wenige Betriebe umfaſst, dennoch um so mehr
Beachtung, als selbst diejenigen Fabriken, welche der Mode am
meisten unterworfen sind, wie die Besatzartikel- und Knopf-
fabriken, eine groſse Anzahl von Arbeitern mit langer Dienstzeit aufzuweisen haben.

Arbeiter und Unternehmer sehen mehr und mehr ein,
daſs sie auf dem Fuſse friedlichen Verhandelns am weitesten
miteinander kommen, und obgleich die Unternehmer sich
schwer darein finden, daſs die Zeit der patriarchalischen Ver-
fassung ein für allemal vorüber ist, sind sie doch gezwungen
anzuerkennen, daſs der politisch mündige Arbeiter ebenso gut
wie sie selber das Recht hat, zur Selbsthilfe zu greifen.

Zweites Kapitel.

Frauenarbeit.

A. Entwickelungsgang.

Zu der Zeit, als in der Textilindustrie des Wuppertals
die Hausindustrie und der Kleinbetrieb vorherrschten, als die
Webermeister die Rohstoffe noch in ihren eigenen Werkstätten
teils selbständig, teils im Dienste gröſserer Unternehmer be-
arbeiteten, gab es eine Anzahl von Nebenbeschäftigungen, die
am besten und geschicktesten von jüngeren Mädchen ausgeführt
wurden. Meist waren es die weiblichen Familienangehörigen
des Hauswebers, welche zu diesen Verrichtungen herangezogen

wurden; fremde Arbeiterinnen wurden in der Regel nur beschäftigt, wenn der eigene Haushalt nicht im stande war, ge-
nügende oder geeignete Arbeitskräfte zu stellen. Das Arbeitsverhältnis zwischen Meister und Gehilfinnen war ein patri-
archalisches. Man rechnete die jungen Mädchen zur Familie
und ließ sie an den gemeinsamen Mahlzeiten teilnehmen.
Obwohl die Entlohnung eine dementsprechend geringe war
— sie betrug in der Regel nicht mehr als 3—4 Mk. wöchentlich — lebten diese Hilfsarbeiterinnen meistens doch in aus-
kömmlichen Verhältnissen. Sie wohnten in der eigenen Familie,
brachten die 6—10 stündige Arbeitszeit bei ihrem Meister zu
und betrachteten den Lohn als willkommenes Taschengeld,
von dem sie vielleicht einen Teil als Zuschuß für den Familien-
haushalt ablieferten, das sie oft aber auch ganz für ihre eigenen
Zwecke verbrauchten oder zur Ansammlung einer Aussteuer
auf die Sparkasse trugen. Die Arbeit war körperlich nicht
anstrengend, die Arbeitszeit kurz, und die Arbeitskräfte der
jungen Mädchen wurden nicht übermäßig stark ausgenützt.

Alles dies änderte sich in dem Maße, als der Kraft-
den Handstuhl und der Groß- den Kleinbetrieb verdrängte.
Der ehemalige Kleinmeister wanderte mit seinen weiblichen
Gehilfinnen in die großen Fabriken, in denen 40 - 60 Web-
oder Bandstühle nebeneinander aufgestellt wurden. Anfänglich verrichteten die Männer noch die Hauptarbeit, die Bedienung der Webstühle; den Mädchen und Frauen fiel nach
wie vor die Arbeit des Spulens, Haspelns, Fadenanknüpfens
und Reinigens zu. Nur die Arbeitszeit hatte sich geändert.
Mit dem Einzug in die Fabrik erstreckte sie sich auch für
die weiblichen Hilfsarbeiter auf 10—14 Stunden. Damit trat
gleichzeitig eine Steigerung des Lohnes ein. Arbeiterinnen,
die früher 4 Mk. wöchentlich erhalten hatten, bekamen jetzt
das Doppelte. Je weiter aber die Vervollkommnung der
Maschinen fortschritt, desto weniger bedurfte man geschulter
Kräfte zu ihrer Bedienung. Vor allem erfordert die Beaufsichtigung der „Riementische", auf welchen statt des bekannten aus Kette und Einschlag gebildeten Gewebes die aus
maschenartigen Verschlingungen der Fäden hervorgehenden
Flechtartikel hergestellt werden, nur geringe Kraft und beruf-
liche Vorbildung, um so mehr aber Geschmeidigkeit der Hand
und Geschicklichkeit im kleinen, wie Einfädeln und Anknüpfen
zerrissener Fäden. Dies machte die Frauen gerade für die
Arbeit in der Barmener Besatzartikelindustrie besonders geeignet. Und da eben diese Industrie es war, die dank
ihrer Monopolstellung auf dem Weltmarkt im letzten Viertel
des 19. Jahrhunderts im Wuppertal den größten Aufschwung
erlebte, so ist es nicht zu verwundern, daß in ihrem Gefolge
der Zustrom der Frauen in die Fabriken ein immer stärkerer
wurde. Durch ihre niedrige Entlohnung ließen sich wie in

der Riemendreherei so in vielen anderen Branchen die Pro-
duktionskosten erheblich vermindern.

Im Jahre 1876 waren im Regierungsbezirk Düsseldorf
bereits 49 Prozent aller in der Textilindustrie beschäftigten
Arbeiter weiblichen Geschlechts. Ihre Gesamtzahl betrug 6638.
Mit dem Anwachsen der Industrie hat ihre Zahl immer weiter
zugenommen. Im Jahre 1892 gehörten im Regierungsbezirk
Düsseldorf schon 30 251 Frauen der Textilindustrie an, im
Jahre 1895 35 706, und im Jahre 1899 waren es 42 477.

So wurde die Fabrikarbeit der Frau rasch zu einem
Faktor, mit dem nicht nur die Unternehmer rechneten, sondern
der auch die Lage der männlichen Arbeiterschaft beeinflußte
und der Gesetzgebung eine ganz neue Aufgabe stellte.

Das starke Heranziehen der Frauenarbeit, die trotz ihrer
für die meisten Zweige offenkundigen Minderwertigkeit billiger
zu stehen kommt, mußte einen gewissen Druck auf die Männer-
löhne ausüben, so daß andererseits die Erwerbsarbeit der
Frau zur Erhaltung der Familie n o t w e n d i g und der circulus
vitiosus geschlossen wurde. Der Familienvater begann auf die
Zuschüsse von seiten der Gattin, der erwachsenen oder auch
nur halbwüchsigen Töchter zu rechnen. Immer häufiger wurde
nun auch der Typus der alleinstehenden Frau, die darauf angewiesen ist, mit dem Arbeitsverdienst ihre sämtlichen Lebens-
bedürfnisse zu bestreiten.

B. Lohnverhältnisse.

Den gesteigerten Anforderungen an den Frauenverdienst
entspricht, zumal bei der allgemeinen Erhöhung der Unter-
haltskosten, der Frauenlohn in den seltensten Fällen. Obgleich
die Arbeitsleistung der Frau gerade in der Textilindustrie der
des Mannes am nächsten kommt und sie in einzelnen Zweigen
übertrifft, ist die Entlohnung fast durchgängig eine unverhältnis-
mäßig viel niedrigere.

Der durchschnittliche Wochenlohn in der Textilindustrie
von Elberfeld und Barmen wird für Männer auf 18, für Frauen
auf 12—14 Mk. angegeben.

In einer größeren Riemendreherei in Barmen gab eine Zusammenstellung der Durchschnittslöhne der Akkordarbeiterinnen
z. B. folgendes Ergebnis[1]:

	Pro Jahr	Pro Woche
1890	738,71 Mk.	= 14,20 Mk.
1891	670,59 „	= 12,89 „
1892	686,87 „	= 13,20 „
1893	746,72 „	= 14,36 „
1894	705,98 „	= 13,53 „

---

[1] Siehe J. d. G. 1894 S. 162.

In drei weiteren Barmener Fabriken stellte sich der Wochenverdienst der Akkordarbeiter im Jahre 1894 [1]

	für Männer	für Frauen
in Fabrik A auf	14—18 Mk.	10—14 Mk.
„ „ B „	15—18 „	9—13 „
„ „ C „	13—18 „	9—12 „

Es sind dies durchweg Löhne für geübte tüchtige Arbeitskräfte. Da die Arbeiter fast ausnahmslos im Akkord stehen, erreichen weniger Leistungsfähige oft nur zwei Drittel der oben angegebenen Lohnsätze. Auch die Hilfsarbeiterinnen in der Riemendreherei, die Spulerinnen, Hasplerinnen u. s. w. haben in der Regel nur einen Wochenlohn von 6—7,50 Mk. Anfängerinnen und jugendliche Arbeiterinnen müssen sich häufig mit noch niedrigeren Löhnen begnügen.

In sechs der größeren Elberfelder Bandwirkereien betrug z. B. der Wochenlohn der Arbeiterinnen [1]

von 14—16 Jahren . . .	4,50—5 Mk.
„ 16—21 „ . . .	7—12 „
„ über 21 „ . . .	10—15 „

und in einer der Barmener Maschinenspitzenfabriken belief sich in den Jahren 1887—1890 der Wochenverdienst der Arbeiterinnen

von 14—16 Jahren auf	5—6 Mk.
„ 16—21 „ „	8—11 „
„ über 21 „ „	10—14 „

Der große Unterschied zwischen Männer- und Frauenverdienst erklärt sich zum Teil dadurch, daß in der Textilindustrie den Männern in der Regel die schwerere, den Frauen die körperlich leichtere Arbeit zugewiesen wird. Für die leichtere Arbeit sind die Akkordlöhne niedriger [2].

Die Arbeitsteilung zwischen den Geschlechtern ist aber keineswegs streng durchgeführt.

In der Weberei und deren Nebenbetrieben beispielsweise werden vielfach Männer und Frauen für die gleichen Arbeiten verwandt. Wenn nun trotzdem der Verdienst der Männer durchschnittlich ein höherer ist, so wirkt dabei mit, daß die Männer gezwungen sind, die Arbeitszeit genau inne zu halten, während die Frauen, zumal die verheirateten, die morgens erst die Kinder versorgen und mittags das Essen kochen müssen, die Arbeit eine halbe Stunde später beginnen und sie

---

[1] Siehe „Die Gleichheit", Jahrg. 1894.

[2] Daß verschiedene Akkordsätze für dieselbe Arbeit, wenn sie von Männern oder Frauen verrichtet wird, bestehen, kommt nicht vor und wurde mir von einem Barmener Großindustriellen als „einfach nicht durchführbar" bezeichnet.

mittags eine halbe Stunde früher niederlegen. Wird dies von der Fabrikleitung auch nicht offiziell gestattet, so muſs es doch stillschweigend geduldet werden, besonders in flotten Zeiten, in denen Männer und unverheiratete Frauen nicht in ausreichender Zahl zu haben sind.

Als Hauptgrund für die Niedrigkeit des Frauenverdienstes wurde mir angegeben, daſs die Männer ihre Arbeit in der Regel gleichmäſsiger und stetiger verrichten als die Frauen. Jedenfalls lehrt die Erfahrung, daſs die Webstühle, auf denen Männer arbeiten, im allgemeinen ein höheres Arbeitsergebnis liefern.

Kommt dennoch die Frauenarbeit dem Fabrikanten billiger zu stehen, so ist dies in letzter Linie durch die schwächere soziale Position der Frau, das geringere Maſs ihres Bedarfes und die Tatsache bedingt, daſs in sehr vielen, wohl den meisten Fällen der Frauenlohn nach wie vor einen bloſsen Zuschuſs zum Haushalt bildet, den vorwiegend der Mann und Vater unterhält.

C. Sittliche Zustände.

Die wenigsten Arbeiterinnen werden im stande sein, mit ihrem geringen Verdienst ihren vollständigen Lebensunterhalt zu bestreiten. Der Preis für volle Pension beträgt den Angaben der Barmener Stadtverwaltung zufolge heute im Wuppertal 520—546 Mk. jährlich. Die „Gleichheit“ gibt für das Jahr 1894 den durchschnittlichen Preis für Kost und Logis pro Woche für eine 14—16 jährige Arbeiterin auf 6—7 Mk., für eine über 16 jährige auf 7,50—9 Mk. an[1]. Der alleinstehenden Arbeiterin, die weder an den Eltern noch an sonstigen Verwandten einen wirtschaftlichen Rückhalt hat, wird es so fast unmöglich gemacht, noch ihre übrigen Bedürfnisse — Kleidung, Heizung, Beleuchtung, Vergnügen und Erholung — zu befriedigen. Es ist daher nicht erstaunlich, daſs die Wuppertaler Textilarbeiterinnen ein beträchtliches Kontingent der dortigen Prostituierten stellen. Leider war mir hierfür kein Zahlenmaterial zugänglich. Die Angabe wird aber sowohl seitens der Arbeiter als auch der Arbeitgeber und Gewerbeinspektoren gemacht und hätte daher Anspruch auf Glaubwürdigkeit, selbst wenn der Vergleich zwischen dem Einnahme- und Ausgabeetat der alleinstehenden Textilarbeiterin eine weniger beredte Sprache spräche. Eine groſse Gefahr liegt ferner darin, daſs die Arbeit, besonders in den Riemendrehereien, infolge der dort herrschenden Hitze und des betäubenden Lärms von 30—40 auf einmal im Gang befindlichen Riemengängen die Nerven zerrüttet, und das enge Zusammenarbeiten mit den männlichen

---

[1] Siehe die „Gleichheit“, Jahrg. 1894.

Arbeitern die Sinnlichkeit der jungen Mädchen in hohem
Maſse zu reizen geeignet ist. So sind die Arbeiterinnen, selbst
wenn sie der Prostitution nicht zum Opfer fallen, auch innerhalb der Fabrik schweren sittlichen Schäden ausgesetzt. Von
den Zuständen, wie sie noch in den achtziger Jahren herrschten,
entwirft der Gewerbeinspektor des Bezirks Düsseldorf ein
trauriges Bild in seinem Bericht aus dem Jahre 1884[1]. Er
schildert die niederrheinische Textilarbeiterin dort als ein Ge-
schöpf mit bleichen, eingefallenen Wangen, frechen Augen,
schlapper Kleidung und Haltung, das schamlose Worte im
Munde führt und ohne zu erröten gemeine Redensarten der
männlichen Arbeiter über sich ergehen läſst. Und er schlieſst
seine Angaben über die sittlichen Zustände in den Fabrik-
gegenden mit den wenig ermutigenden Worten: „Aus meinen
gesamten, namentlich in letzter Zeit vorgenommenen nächt-
lichen und abendlichen Beobachtungen in den Fabrikbezirken
glaube ich mit Recht folgern zu sollen, daſs die sittliche
Verwilderung unter männlichen wie weiblichen Arbeitern
während der letzten acht Jahre nicht ab-, sondern zugenommen
hat, und daſs die körperliche Frische bedeutend geringer geworden ist." Zum Ruhme des Beamten muſs jedoch hervorgehoben werden, daſs er die Wurzel des Übels nicht in den
Arbeitern selber sucht. Er schiebt vielmehr die Hauptschuld
auf die Länge der Arbeitszeit, auf unsaubere und gehetzte
Arbeit, heiſse und mangelhafte Arbeitsräume, zahlreiche Ord-
nungsstrafen, knappe Löhne und Akkordsätze und geringe
Fürsorge von seiten der Arbeitgeber. Um so stärker muſs
aber betont werden, daſs mit der allmählichen Beseitigung
vieler dieser Übelstände, wie sie die fortschreitende Arbeiter-
schutzgesetzgebung mit sich gebracht hat, auch die sittlichen
Zustände sich bedeutend gebessert haben. Allerdings ist es
auch heute noch die Regel, daſs Ehen zwischen Arbeitern und
Arbeiterinnen erst geschlossen werden, wenn ein Zwang dazu
vorliegt. Die Sitte ist so allgemein, daſs die Wuppertaler
Textilarbeiterin in dem auſserehelichen Geschlechtsverkehr
nichts Schändendes erblickt, sobald er sich nur auf einen
einzigen erstreckt. Auch spielt sicherlich bei vielen der Wunsch
mit, an dem besser gelohnten Mann Rückhalt und Miternährer
zu finden. Das sittliche Gefühl ist darum in der Arbeiterbevölkerung keineswegs erstorben. Dies zeigt namentlich auch
der Umstand, daſs die Arbeiter selber eine scharfe Kontrolle
über einander ausüben. Wehe dem Manne, der es versuchen
wollte, sich seiner Pflicht einem Mädchen gegenüber zu ent-
ziehen! Er dürfte sich nicht mehr auf der Straſse blicken
lassen, ohne Gefahr zu laufen, von seinen Kameraden ver-
prügelt zu werden. Ist er dadurch noch nicht weich geworden,

[1] Siehe J. d. G. 1884 S. 154.

so bringen sie ihm in corpore eine Katzenmusik und versuchen
auf alle Weise, ihn zur Heirat mit dem Mädchen zu bringen.
Es ist schon häufig vorgekommen, daſs Arbeiter, die sich dieser
Sitte nicht fügen wollten, den Aufenthalt haben wechseln
müssen.

Auch die durch die neue Gesetzgebung eingeführte strengere
Trennung der Geschlechter innerhalb der Fabrik hat viel dazu
beigetragen, das sittliche Verhalten der Arbeiter wesentlich
zu heben, doch ist man erst in den allerneuesten Fabrikanlagen
dazu gelangt, nach Geschlechtern getrennte Ankleide- und
Waschräume und Bedürfnisanstalten als etwas Selbstverständ-
liches zu betrachten. Noch 1891 klagt der Gewerbeinspektor
für Barmen über die mangelhafte Einrichtung der Ankleide-
räume für die weiblichen Arbeiter selbst in den bedeutenderen
Fabriken [1]. In manchen groſsen Fabriken der Textilbranche
fehlten sie ganz. Die Arbeiterinnen waren gezwungen, sich
zwischen zwei Stühlen, welche sie mit Tüchern verhängten,
umzukleiden; in anderen Fabriken war der Ankleideraum ungenügend groſs, hatte keine Tür und schlechte Wascheinrichtung.
Die groſse Zahl der in Elberfeld-Barmen vorhandenen Anlagen mit Arbeiterinnenbeschäftigung und der Mangel an Raum
in den älteren Fabriken stellen der völligen Beseitigung dieser
Miſsstände viele Schwierigkeiten entgegen, und die Fabrik-
inspektion muſs häufig ein Auge zudrücken, weil sie selber
die absolute Unmöglichkeit einsieht, hier Abhilfe zu schaffen,
wenn die eine Maſsregel nicht andere im Gefolge haben
und dadurch das Weiterbestehen der gesamten Anlage in
Frage gestellt werden soll.

D. Gesundheitsverhältnisse.

Eingehender als mit den sittlichen Gefahren hat sich die
Regierung gerade in letzter Zeit mit den gesundheitlichen Ein-
flüssen der Fabrikarbeit auf den weiblichen Organismus beschäftigt. Die Enquête des Reichsamts des Innern über die
Beschäftigung verheirateter Frauen in Fabriken hat in dieser
Beziehung manches Interessante auch über die Verhältnisse
im Gewerbeinspektionsbezirke Barmen zu Tage gefördert. Aber
viel früher schon wurde dieser Frage von seiten der Gewerbeaufsichtsbeamten Aufmerksamkeit geschenkt. Immer wieder
findet sich in ihren Berichten der Hinweis darauf, daſs in der
Mehrzahl der Textilfabriken die Arbeiterinnen schwindsüchtig
oder blutarm seien, verbunden mit der ernsten Mahnung,
diesen Übelständen durch verbesserte Ventilation und Verkürzung der Arbeitszeit nach Möglichkeit abzuhelfen. — Nur
in einer Beziehung sind die Arbeiterinnen besser gestellt, als

---

[1] Siehe J. d. G. 1891 S. 96.

ihre männlichen Kollegen. Die Verletzungsgefahr ist bei ihnen eine geringere, weil ihnen meist nur ungefährliche Beschäftigungen überwiesen werden. Eine Ausnahme macht lediglich die Baumwollspinnerei, in der die Arbeiterinnen nicht selten durch unzeitiges Putzen an ungesicherten und sonst gefährlichen Maschinen verletzt werden. Hinsichtlich der Erkrankungsgefahr liegen die Verhältnisse nicht nur nach Industriezweigen, sondern auch nach Betrieben und Betriebsteilen desselben Industriezweiges sehr verschieden. Von entscheidendem Einfluß auf die Gesundheitsverhältnisse ist die Ventilation. So betrug noch im Jahre 1886 die Zahl der erkrankten weiblichen Arbeiter in den nicht ventilierten W e b e r e i e n durchschnittlich 55,7 Prozent und in einer derselben sogar 91,2 Prozent, während in einer mäßig ventilierten Buntweberei dies Verhältnis auf 44,4 Prozent sank[1].

Auch in den Z a n e l l a f a b r i k e n macht sich der Einfluß mangelhafter Luftbeschaffenheit geltend. Für die an der öffentlichen Straße gelegenen R i e m e n d r e h e r e i e n besteht schon seit vielen Jahren die ortspolizeiliche Vorschrift, daß ihre Fenster, um den Lärm der Riemengänge von den Nachbarn fernzuhalten, während des Betriebes geschlossen sein müssen. Da die Verordnung aber eine künstliche Lüftung nicht vorsieht, so wird bestenfalls nur mittelst einiger Öffnungen in den von der Straße abgewandten Fenstern oder während der Mittagspause und nach Eintritt des Feierabends frische Luft eingelassen, eine gründliche Lüftung aber niemals bewirkt[2].

Während unter den nicht ventilierten Fabriken die S e i d e n w e b e r e i e n und D r u c k e r e i e n die günstigsten Erkrankungszahlen zeigen, entfallen die ungünstigsten auf die S a m t - und P l ü s c h f a b r i k e n. Wie sich auch bei diesen die künstliche Lüftung bewährt hat, zeigt folgende Angabe: In einer größeren Plüschfabrik erkrankten im ersten Halbjahr, als die Lüftung mittelst der Fenster und Dachklappen erfolgte, 54 Prozent der Arbeiterinnen, im zweiten Halbjahr dagegen, nachdem künstliche Ventilation und Luftbefeuchtung eingeführt worden war, nur 32,9 Prozent[2]. Außer den Erkrankungen der Atmungsorgane sind die Plüschweberinnen in besonders hohem Maße Unterleibsleiden ausgesetzt. Bei Gelegenheit der Enquête des Reichsamts des Innern teilte ein Elberfelder Arzt der Gewerbeinspektion Barmen mit, daß er unter 100 Plüschweberinnen sieben gefunden habe, welche sich durch die Arbeit am Webstuhl verschiedene Arten von Blutungen zugezogen hatten, und außerdem 21, die an Blutungen litten, bei denen

---

[1] Siehe J. d. G. 1886 S. 44.
[2] Siehe J. d. G. 1886 S. 45.

aber nicht mit Sicherheit festgestellt werden konnte, ob die
Beschäftigungsart die Ursache war[1].

Wie sich denken läfst, entfällt auf die verheirateten
Frauen eine verhältnismäfsig gröfsere Zahl von Krankheitsfällen und Krankheitstagen als auf die ledigen Arbeiterinnen,
einmal aus dem rein äufserlichen Grunde, dafs jene in der
Regel höheren Altersklassen angehören als diese, vor allem
aber infolge der Schädigung, welche ihnen aus dem Arbeiten
während der Schwangerschaft und kurz nach Beendigung des
Wochenbettes erwächst.

Aus einer nach den statistischen Angaben der Betriebskrankenkassen zusammengestellten Tabelle ergibt sich, dafs
im Durchschnitt der fünf Jahre 1894—1899 im Gewerbeinspektionsbezirk Barmen

> auf 100 unverheiratete Arbeiterinnen 38 Krankheitsfälle
> „ 100 verheiratete   „   43   „
> und auf 100 unverheiratete   „   500 Krankheitstage
> „ 100 verheiratete   „   852   „

im Jahre entfielen[2].

Das Gleiche bestätigt die wiederholt gegebene Versicherung
der Fabrikanten, „dafs sie keine Betriebskrankenkasse dauernd
lebensfähig erhalten könnten, weil die Mittel zu sehr durch
das häufige Kranksein der verheirateten Frauen absorbiert
würden"[3].

E. Eheweibliche Fabrikarbeit.

Leider kommt die Fabrikarbeit der verheirateten Frau
gerade in den ersten Jahren der Ehe, wo die Frau die
schwersten Mutterpflichten zu erfüllen hat, am häufigsten vor.
„Leichten Herzens und ohne besondere Sorge für die Zukunft
wird manche Ehe in verhältnismäfsig recht jungen Jahren eingegangen," heifst es im Bericht des Barmener Gewerberats.
„Zur Beschaffung des erforderlichen Hausrats genügen die
Ersparnisse nicht. Man ist gezwungen, sich zunächst auf das
Unentbehrliche zu beschränken oder den Haushalt mit Schulden
anzufangen. Um diese Verhältnisse zu bessern, die Schulden
abzutragen, die häusliche Einrichtung allmählich zu vervollständigen oder für kommende Zeiten etwas zurückzulegen,
bleiben viele junge Frauen während der ersten Zeit ihrer Verheiratung in der Fabrik[4]."

Sind es vor allem Gründe wirtschaftlicher Natur, welche
die verheiratete Frau in die Fabrik treiben, so werden von

---

[1] Siehe B. V. F. S. 103.
[2] Siehe a. a. O. S. 95.
[3] Siehe a. a. O. S. 94.
[4] Siehe a. a. O. S. 46.

seiten der Fabrikanten zu gunsten der eheweiblichen Fabrikarbeit in der Wuppertaler Textilindustrie Zweckmäfsigkeits-
gründe verschiedener Art geltend gemacht. Einmal schätzt
man die Ehefrauen als Vorarbeiterinnen wegen ihrer gröfseren
Erfahrungen, ihres Fleifses und ihres Einflusses auf die jüngeren
Arbeiterinnen. In vielen Fabriken gibt es aber auch Neben-
arbeiten zu verrichten, die oft täglich nur einige Stunden in
Anspruch nehmen oder nur an gewissen Tagen der Woche
ausgeführt werden, so z. B. das „Fitzen" und „Flämmen" der
Garne in der Bleicherei und Färberei, das „Abziehen" der
Litzen und Bänder in der Riemendreherei und Bandwirkerei,
das „Aufmachen" und Verpacken der fertigen Ware für den
Versand in der gesamten Besatzartikelindustrie sowie die
Reinigung der Fabrikräume[1]. Für alle solche unregelmäfsige
Arbeiten sind unverheiratete Frauen bei guter Geschäftslage
schwer zu haben, und es müssen daher verheiratete herangezogen werden, die schon mit einem geringeren Wochenverdienst zufrieden sind, besonders wenn sie auf diese Weise
mehr Zeit für die Erfüllung ihrer häuslichen Pflichten übrig
behalten. Der wöchentliche Verdienst der verheirateten Frau
— soweit sie nicht Vorarbeiterin ist — wird im Wuppertal
in den seltensten Fällen den Satz von 11 Mk. übersteigen,
doch kommen natürlich auch weit niedrigere Sätze vor.

Im Gewerbeinspektionsbezirk Barmen wurden unter den
im Oktober 1899 ermittelten 13 559 Arbeiterinnen im ganzen
2115 oder 15 Prozent als verheiratet, verwitwet oder geschieden
genannt. Von diesen wurden 445 in 57 Fabriken nur deshalb
beschäftigt, weil andere geeignete Arbeitskräfte fehlten. In
zehn Fabriken waren Ehefrauen als Vorarbeiterinnen oder
Untermeisterinnen tätig; in 34 Fabriken 192 Frauen, die schon
als Mädchen dort angestellt gewesen waren, und die man nach
der Verheiratung behalten hatte; und in 57 Fabriken hatten
166 Frauen mit Arbeiten zu tun, die nicht die Einhaltung
der regelmäfsigen Arbeitszeit erforderten. In den übrigen
169 Fabriken konnten Gründe der Beschäftigung nicht angegeben werden, doch wird man wohl nicht fehlgehen, wenn
man annimmt, dafs hier gröfstenteils Billigkeitsrücksichten
obgewaltet haben[2].

F. Einflufs des erhöhten Arbeiterinnenschutzes auf Arbeitslohn und Arbeitsleistung.

Die Einführung des elfstündigen Maximalarbeitstages,
sowie das Verbot der Nachtarbeit für Frauen (§ 137 R.G.O.
Gesetz vom 1. Juni 1891) führten zu interessanten Erörterungen

---

[1] Siehe B. V. F. S. 58.
[2] Siehe a. a. O. S. 58.

über die Frauenarbeit. Während das Gesetz in Vorbereitung
war und schon vorher wurden von den Handelskammern und
der Gewerbeinspektion verschiedentlich Erhebungen über die
Länge der Arbeitszeit in einzelnen Industriezweigen vor-
genommen. Sie zeigten, daſs die zwölfstündige Arbeitszeit
bereits vor Einführung des Elfstundentages für Arbeiterinnen in
dem Elberfeld-Barmener Bezirk zu den Ausnahmen gehörte.

Nach einer Umfrage der Handelskammer zu Elberfeld
von 1889 wurde z. B. von 28 textilindustriellen Anlagen in
Elberfeld in

2 Betrieben mit 4 Arbeitern und 9 Arbeiterinnen 11 Std.
3   „   „ 10   „   „ 49   „ $11^1/_4$ „
1   „   „ 4   „   „   1   „ $11^1/_3$ „
9   „   „ 48   „   „ 152   „ $11^1/_2$ „
1   „   „ 2   „   „   7   „ $11^5/_6$ „
12   „   „ 46   „   „ 174   „   12 „

gearbeitet. Von der Handelskammer zu Barmen konnte, wie
bereits erwähnt, festgestellt werden, daſs die Arbeitszeit in
den dortigen Riemendrehereien $11^1/_3$ Stunden nur ausnahms-
weise überstieg.

So war die elfstündige Höchstarbeitszeit der Arbeiterinnen
im Wuppertal verhältnismäſsig leicht einzuführen. Von den
14 Spinnereien des Bezirks mit im ganzen 800—900 Arbeiterinnen hatten die zwei gröſsten mit 600—700 Arbeiterinnen
bereits vor 1891 die bisherige zwölfstündige durch eine elfstündige Arbeitszeit ersetzt. In den übrigen Spinnereien und
den 16 Tuchfabriken des Bezirks mit etwa 800 Arbeiterinnen richtet sich die Arbeitsdauer auch jetzt noch nach
der Geschäftslage.

Die Weberei von gemischten Stoffen und Baumwolle,
die in Elberfeld-Barmen etwa 1500 erwachsene Arbeiterinnen
in 28 Betrieben beschäftigt, brauchte ihre Arbeitszeit im Durchschnitt nur um 10 Minuten zu verkürzen, um den Maximal-
tag zu erreichen.

In der Bandwirkerei, welche die Arbeiterinnen fast
nur zu Nebenarbeiten — Kettenscheren, Spulen, Haspeln —
verwendet, richtete sich die Arbeitszeit von jeher nach den
Konjunkturen. Bei schlechter Geschäftslage reichte der zehn-
bis elfstündige Arbeitstag vollkommen aus, war der Industriezweig aber von der Mode begünstigt, so nahm die Überstundenarbeit oft eine beträchtliche Ausdehnung an[1]. Die
Einführung des Elfstundentages hatte aber auch zur Folge, daſs
die früher von den Fabriken allein bewältigte Arbeit in besseren
Zeiten auf die hausindustrielle Bandwirkerei abgeschoben und
diese dadurch überlastet wurde. So war in diesem Falle nichts
erreicht als eine Übertragung der Last auf andere Schultern.

---

[1] Siehe J. d. G. 1894 S. 122.

Ein um so bedauerlicheres Ergebnis, als die gesetzliche Regelung der Heimarbeit neben einem prinzipiellen Widerstand auch bedeutenden wirtschaftlichen und verwaltungstechnischen Schwierigkeiten begegnet und daher wohl noch für längere Zeit eine in der Hauptsache unerfüllte Forderung der Sozialpolitik bleiben wird.

Auch in der Bleicherei, Färberei und Appretur beschränkt sich die Frauenarbeit auf die Hilfsverrichtungen. Da diese Betriebe fast ausschließlich „Lohnfabriken" sind, so geht die Arbeit unregelmäßig ein und muß meistens sehr schnell fertig gestellt werden. Dadurch entsteht ein unablässiges Auf und Ab, Tage, an denen es nur mit Hilfe reichlich bemessener Überstunden möglich wird, die Arbeitsmenge zu bewältigen, andere Tage, an denen kaum für die Hälfte der gewöhnlichen Arbeitszeit Beschäftigung vorhanden ist. Da auch auf derartige Betriebe der § 138 a der R.G.O. Anwendung finden kann, der bei außergewöhnlicher Häufung der Arbeit für 40 Tage im Jahre eine Ausdehnung der täglichen Arbeitszeit auf 13 Stunden vorsieht, so wird für sie der elfstündige Maximalarbeitstag einigermaßen illusorisch.

Doch stellen die beiden zuletzt besprochenen Fälle Ausnahmen dar. In der Wirkerei, Posamentenfabrikation und Riemendreherei, welch letztere allein über 2000 Arbeiterinnen beschäftigt, war der Elfstundentag für Männer und Frauen der Tatsache nach schon vielfach eingeführt, als das Gesetz ihn für Arbeiterinnen obligatorisch machte.

Jedenfalls haben die Arbeiterinnenschutzgesetze im Wuppertale zu Entlassungen von Arbeiterinnen in erheblichem Umfange nirgends geführt. Im Gegenteil stehen einzelnen Fällen von Entlassungen fast überall Mehreinstellungen weiblicher Arbeiter gegenüber. Nur drei auf Nachtarbeit zugeschnittene Riemendrehereien haben auf die Weiterbeschäftigung von Arbeiterinnen verzichten müssen[1].

Die Bestimmung, daß die Beschäftigung von Frauen an den Vorabenden von Sonn- und Festtagen um 5½ Uhr beendet sein muß, hat in den Kreisen der Arbeitgeber anfangs viel Mißbilligung erfahren. Es war nämlich im Wuppertal von alters her der Brauch, die Hauptexpedition der Waren auf das Ende der Woche zu verschieben, ja die meisten eiligen Bestellungen lauteten „Versand spätestens am Samstag". So mußte gerade am Sonnabend Abend mit Anspannung aller Kräfte gearbeitet werden. Als nun nach Einführung der verkürzten Arbeitszeit am Sonnabend die nötigen weiblichen Hilfskräfte zum Verpacken der Waren fehlten, blieb nichts anderes übrig, als den Versand gleichmäßiger

---

[1] Siehe J. d. G. 1894 S. 140.

auf die Tage der Woche zu verteilen, eine Einrichtung, die schliefslich allen Beteiligten zum Vorteil gereichte[1].

Auch auf die Sonnabendsarbeit der männlichen Arbeiter übte die neue Gesetzgebung in Anlagen mit bedeutender oder überwiegender Frauenbeschäftigung einen merklichen Einflufs aus. Dies geht deutlich aus folgender Tabelle hervor, welche seitens der Aufsichtsbeamten des Regierungsbezirks Düsseldorf zur Begründung dieser Behauptung zusammengestellt wurde.

Durchschnittliche Arbeitszeit ausschliefslich der Pausen.

Industriezweig	Montag bis Freitag für Männer und Frauen Stunden	Sonnabend für	
		Männer Stunden	Frauen Stunden
Samt- und Seidenweberei	10,78	9,86	9,02
Bandweberei	10,62	9,69	8,90
Seiden- und Samtfärberei und Appretur	10,04	10,01	8,71
Sonstige Färberei und Appretur	10,72	10,43	8,40
Wollspinnerei u. Weberei	11,04	10,60	9,30
Baumwollspinnerei und Weberei	10,89	10,52	9,31
Sonstige Textilindustrie	10,73	9,61	9,00

So hat es die Macht der Arbeitszusammenhänge in der Textilindustrie zu wege gebracht, dafs die Beschränkungen, welche de iure nur die weibliche Arbeiterschaft treffen, in der Hauptsache auch auf die männlichen Arbeiter ausgedehnt worden sind. Nur einige Spinnereien und Tuchfabriken im Barmener Bezirk haben für die männlichen Arbeiter die frühere 12—13 stündige Arbeitszeit beibehalten, aber gleichfalls mit der Einschränkung, dafs an den Vorabenden von Sonn- und Festtagen der ganze Betrieb um 5½ Uhr schliefst. Die hieraus den im Akkordlohn stehenden Webern erwachsende Lohnverkürzung wird auf etwa 4 Prozent angegeben.

Die Wirkung der verkürzten Arbeitszeit auf die Löhne der Arbeiterinnen ist eine verschiedene gewesen, je nachdem es sich um Stundenlohn oder Akkordlohn handelte. Der Gewerbeinspektor von Barmen gibt den Lohnausfall für Stundenarbeiterinnen auf 3,5—9 Prozent an[2]. Den im festen Tagelohn beschäftigten Arbeiterinnen wird für die kürzere Sonnabendarbeit im allgemeinen kein Lohnabzug gemacht. Die

[1] Siehe J. d. G. 1894 S. 118.
[2] J. d. G. 1894 S. 153.

Verkürzung der Arbeitszeit und die beschränkte Möglichkeit der Überarbeit werden über kurz oder lang zweifellos
dazu führen, die Stundenlohnarbeit, soweit irgend angängig,
durch Akkordarbeit zu ersetzen.

Wo, wie in der Weberei, das Akkordlohnsystem allgemeine Gültigkeit hat, ist die Wirkung der verkürzten Arbeitszeit in vielen Fällen, der Erwartung entgegen, geradezu eine
lohnsteigernde gewesen. Es scheint, dafs die Arbeiterinnen,
die von ihrem früheren Lohne nichts einbüfsen wollten, dadurch zu erhöhtem Fleifse angespornt wurden.

Aus einer Weberei von Baumwoll- und gemischten Stoffen
in Barmen, die einen täglichen Ausfall der Arbeitszeit von
etwa 10 Minuten erlitten hat, wurden folgende Zahlen mit-
geteilt[1].

Es verdienten in der Woche bei gleichen Akkordsätzen:

	vor 1. April 1892	nach 1. April 1892
Arbeiterin A durchschnittlich	15,47 Mk.	14,85 Mk.
„ B „	14,13 „	14,19 „
„ C „	14,67 „	15,11 „
„ D „	14,39 „	14,84 „

Überhaupt ist die Produktivität der Arbeit während der
letzten Jahre in einzelnen Zweigen der Textilindustrie unter
dem Einflufs der Zeitverminderung erheblich gestiegen. In den
Webereien konnte fast allgemein festgestellt werden, dafs bei
elfstündiger Arbeitszeit die Produktionsleistung genau die
gleiche blieb wie bei der früheren zwölfstündigen. Schon lange
hatte man beobachtet, dafs die Erzeugung für den Webstuhl am
Tag vor Festen und vor Schlufs der Lohnperiode bedeutend
zunahm und an Tagen, an denen aus irgend welchem äufseren
Grunde einmal kürzer gearbeitet wurde, dessenungeachtet nicht
sank. Dies erklärt sich dadurch, dafs ein mechanischer Webstuhl selbst bei der tüchtigsten Bedienung nur 70—80 Prozent der
Schufszahl macht, die er bei ununterbrochenem Betriebe leisten
könnte. Die übrige Zeit geht durch Einstecken neuer Pincops
in die Schützen, durch Anknüpfen zerrissener Fäden u. s. w.
verloren[2]. Alle diese Verrichtungen können durch aufmerk-
same und behende Arbeiterinnen natürlich sehr viel rascher
besorgt werden als durch faulere und weniger auf ihren Vorteil bedachte. Von bedeutenden Textilindustriellen ist sogar
schon häufig die Meinung ausgesprochen worden, dafs selbst
bei einer noch weiteren Verkürzung der Arbeitszeit in der
Weberei die Produktionsmenge sich auf ihrer bisherigen Höhe
erhalten würde.

---

[1] J. d. G. 1894 S. 162.
[2] Vgl. v. Schulze-Gävernitz, Der Grofsbetrieb. Leipzig 1892.
S. 143.

In analoger Weise ist seit Beginn der siebziger Jahre die
Schnelligkeit der Spinnmaschine um 15 Prozent gesteigert
worden. Die Leistung der Spindel wuchs trotz wesentlich ver-
kürzter Arbeitszeit[1]. Da hier die Maschine die Produktion
fast allein besorgt und die Bedienung eine weit geringere
Rolle spielt als in der Weberei, so machte sich der Einfluß
der Arbeitszeitverkürzung auf die Intensivierung der Arbeit
dadurch allmählich geltend, daß die Unternehmer angespornt
wurden, technische Vervollkommnungen an den Maschinen
vorzunehmen oder dafür Sorge zu tragen, daß sie nur vor-
züglich angelernte Leute zur Bedienung der Maschinen ver-
wenden[2].

G. Die Arbeiterin im Gewerkschaftsleben.

Wenn die Arbeiterinnenschutzbestimmungen auch dazu
beigetragen haben, die gröbsten Schäden der Frauenarbeit zu
mildern, so ist ein erheblicher Einfluß auf die allgemeine
Lebenshaltung der Arbeiterin nicht festzustellen. Es ist daher
kaum verwunderlich, daß sich die Wuppertaler Textilarbeiterin am politischen und Gewerkschaftsleben, von dem
weiterhin zu sprechen sein wird, noch so gut wie gar nicht
beteiligt. Ihr Wochenlohn reicht oft kaum dazu aus, das
eigene Leben zu fristen; die Beiträge an die Gewerkschafts-
kasse würden ein zu großes Opfer erfordern. Wohl haben
sich die Arbeiterinnen zu Zeiten heftiger Lohnkämpfe auch
bisweilen zu großer Tatkraft und Opferfreudigkeit aufgerafft,
aber die Begeisterung erlosch in friedlichen Zeiten immer
wieder, und wo sie noch weiterglimmte, war sie nicht stark
genug, um auch in anderen Herzen die Teilnahme für
den Gewerkschaftsgedanken zu wecken. Der im Jahre 1892
gegründete „Bildungsverein für Frauen" in Elberfeld bezweckt die Förderung der geistigen und wirtschaftlichen
Interessen seiner Mitglieder lediglich durch Vorträge, Dis-
kussionen und Lektüre. Die Erlangung günstiger Arbeits-
bedingungen hat er noch nicht auf sein Programm gestellt.
Er rekrutiert sich bisher nur aus den oberen Schichten der
Arbeiterinnenschaft, vermöchte aber bei weiterem Ausbau vielleicht der Kern zu werden, um den sich eine Organisation
der Wuppertaler Arbeiterinnen im größeren Stil gruppieren
könnte. Heute ist man davon allerdings noch weit entfernt.

---

[1] v. Schulze-Gävernitz, Der Großbetrieb, S. 117 und 119.
[2] Wie weit Deutschland in dieser Beziehung noch hinter England
zurücksteht, geht daraus hervor, daß nach v. Schulze-Gävernitz
(Der Großbetrieb, S. 128) in Oldham weniger Arbeiter für 70 000 Spindeln
gebraucht werden, als in Mülhausen für 32 000, wobei freilich auch die
viel größere, durch den weiteren Markt bedingte Spezialisierung der
Industrie von Lancashire in Betracht kommt.

Je mehr aber die hauptstädtischen Arbeiterinnenkreise dem
gewerkschaftlichen Geiste gewonnen werden, um so mehr
wird er auch die provinziellen Industriezentren durchdringen.
Schliefslich wird es auch den dortigen Frauen zum Bewufst-
sein kommen, dafs es nichts nützt, nur auf Hilfe von aufsen
oder auf bessere Zeiten zu warten, sondern dafs sie sich aus
ihrer minderwertigen Stellung auf dem Arbeitsmarkt nur erheben werden, wenn sie selber mit vereinten Kräften danach
streben, die sie umgebenden widrigen Bedingungen zu über-
winden.

Zahl der jugendlichen Arbeiter, welche in
Fabriken und diesen gleichgestellten Anlagen in
der Textilindustrie des Regierungsbezirks Düsseldorf beschäftigt waren.

Jahr	Anlagen	Kinder von 12—14 Jahren		Jugendliche Arbeiter von 14—16 Jahren	
		männl.	weibl.	männl.	weibl.
1879	443	111	120	1723	2197
1880	507	66	73	1941	2370
1884	?	86	106	2128	3178
1886	670	85	84	2494	3156
1890	869	107	127	3568	4863
1892	853	44	46	2786	4062
1893	842	30	50	3493	4573
1894	813	22	27	3073	4159
1895	850	48	58	3480	4780
1896	919	66	92	3853	4959
1897	943	85	143	3699	5373
1898	1082	108	123	3808	5672

Drittes Kapitel.

Jugendliche Arbeiter.

A. Statistisches.

Im Regierungsbezirk Düsseldorf sind jugendliche Arbeitskräfte von jeher in beträchtlicher Anzahl von der Textilindustrie herangezogen worden. Neben der Beschäftigung
jugendlicher Arbeiter im engeren Sinne (von 14—16 Jahren),
die seit 1880 langsam und stetig im Steigen begriffen ist,
spielt die eigentliche Kinderarbeit (d. h. die Beschäftigung
12 – 14 jähriger Personen) dort heute allerdings nur noch eine
geringe Rolle. Sie ist aber insofern von Interesse, als sie
einen ziemlich sicheren Gradmesser für die jeweilige Industrielage abgibt. Die jüngsten Arbeiterkategorien werden nämlich

nur bei günstigem Geschäftsgang angenommen und jedesmal
abgestofsen, sobald die mit der Kinderarbeit verbundenen
gesetzlichen Bestimmungen gröfsere Kosten verursachen als
der Nutzen, welcher sich aus dem Preisunterschied zwischen
der Arbeit jugendlicher und erwachsener Arbeiter ergeben
könnte. Eine Verminderung kindlicher Arbeitskräfte ist daher
durchaus nicht immer eine so uneingeschränkt erfreuliche Erscheinung, wie ein oberflächlicher Beobachter meinen könnte.
Jedenfalls rechtfertigt sie nicht einen unmittelbaren Rückschlufs
auf eine Erhöhung der Löhne der Erwachsenen, welche die
Mitarbeit der Kinder unnötig mache. Im ganzen läfst sich
innerhalb der letzten 20 Jahre eine absolute Abnahme der
Kinderarbeit nicht konstatieren; bei dem ungeheuren Anwachsen der Gesamtarbeiterzahl aber — in Elberfeld-Barmen
stieg allein die Zahl der in der Textilindustrie beschäftigten
Personen von 1882 bis 1895 von 23519 auf 30972 — kommt
dieser Stillstand doch einer starken relativen Abnahme gleich.

B. Einflufs der erhöhten Schutzbestimmungen auf die Beschäftigung von jugendlichen Arbeitern.

Während die Entlassung von Kindern ausnahmslos
einer zeitweiligen Darniederlage des betreffenden Industriezweiges entsprach, ist die nicht erfolgte Neueinstellung
jugendlicher Kräfte in den Aufschwungsperioden lediglich als
eine Folge der Gewerbeordnungsnovellen von 1878 und 1891
und ihres verschärften Schutzes der jugendlichen Arbeiter an-
zusehen. Schon die strenge Innehaltung der Pausen, das
Halten eines Arbeitsbuches und eines genauen Verzeichnisses
der jugendlichen Arbeiter haben viele Unternehmer davon
zurückgehalten, junge Leute in ihren Fabriken zu beschäftigen.
Die billigere Beschäftigung jugendlicher Arbeiter wurde mit
erhöhten Unbequemlichkeiten, der Einhaltung regelmäfsiger
Pausen und mit der Unannehmlichkeit, häufiger mit der
Polizeibehörde in Berührung zu kommen und eine erhöhte
Aufmerksamkeit der Gewerbeinspektion auf sich zu lenken,
zu teuer erkauft.

Wie notwendig aber diese verschärften Mafsregeln waren,
beweist die folgende Übersicht[1] der von der Gewerbeinspektion
im Regierungsbezirk Düsseldorf noch im Jahre 1880 ermittelten
Übertretungen betreffs der Beschäftigung jugendlicher Arbeiter.

Kinder wurden beschäftigt:
    a) unter 12 Jahren . . . . . in 5 Anlagen
    b) ohne Arbeitskarte . . . . „ 7   „
    c) in zu langer Schicht . . . „ 23   „

---
[1] J. d. G. 1880 Bd. 1 S. 169.

Jugendliche Arbeiter wurden beschäftigt:

a) an Sonntagen oder nachts . in 4 Anlagen
b) während mehr als 10 Stunden „ 50 „
c) „ „ „ 11 „ „ 19 „
d) „ „ „ 12 „ „ 2 „
e) mit Verkürzung der Pausen . „ 66 „
f) ohne ärztliches Attest oder in
unzulässigen Räumen . . „ 33 „
g) ohne die vorschriftsmäfsigen
Aushänge . . . . . . „ 196 „

Auch später noch finden sich in den Berichten der Gewerbeaufsichtsbeamten immer wieder Hinweise auf Fälle, in denen gesetzwidrige Ausnutzung jugendlicher Arbeitskräfte vorkam. So wird z. B. im Jahre 1881[1] eine Fabrik genannt, in der die jugendlichen Haspel- und Spularbeiterinnen einschliefslich einer einstündigen Pause täglich von 6 Uhr morgens bis 8^1/$_2$ oder 9^1/$_2$ Uhr abends arbeiten mufsten. Dabei belief sich der tägliche Verdienst auf 1,43 Mk., also auf 9—10 Pfg. pro Stunde; den jugendlichen Arbeiterinnen war es aufserdem zur Pflicht gemacht, sich im Falle einer Revision auf die Abtritte zurückzuziehen. In einem anderen Falle wurden sogar Lehrjungen, d. h. Knaben, mit deren gesetzlichen Vertretern Lehrverträge abgeschlossen worden waren, unter Androhung sofortiger Entlassung zum Belügen des revidierenden Beamten genötigt.

Noch im Jahre 1890[2] wurden in den 542 von der Gewerbeinspektion besichtigten Anlagen des Regierungsbezirks Düsseldorf, welche jugendliche Arbeiter beschäftigten, in 136 Fällen Überschreitungen der gesetzlichen Arbeitszeit ermittelt, und zwar schwankte die Arbeitszeit der Kinder zwischen 7 und 13 Stunden, diejenige der jungen Leute zwischen 10^1/$_4$ und 14 Stunden.

Heute kann die ungesetzliche Beschäftigung von Kindern und jugendlichen Personen in den Fabriken des Aufsichtsbezirks Barmen nahezu als geschwunden bezeichnet werden. In der Hausindustrie, auf welche sich die Bestimmungen der Gewerbeordnung nicht erstreckten, wurde allerdings noch bis zum Erlafs des Reichsgesetzes betr. die Regelung der Kinderarbeit grofser Mifsbrauch mit der Beschäftigung von Kindern zu gewerblicher Arbeit getrieben. Hier kamen zwar in erster Linie die familienangehörigen Kinder in Betracht, die zu Hilfsarbeiten heranzuziehen die Versuchung so nahe liegt, dafs die Fälle, in denen es nicht geschah, als Merkwürdigkeiten bezeichnet werden müssen. Es gehörte aber keineswegs zu den Seltenheiten, dafs Hausweber von Stückseide, wenn ihnen geeignete Familien-

---

[1] J. d. G. 1881 S. 161.
[2] J. d. G. 1890 S. 56.

glieder nicht zur Verfügung standen, auch fremde schulpflichtige
Kinder zum Spulen annahmen. Der Weber rechnete, daſs zwei
Kinder die nötigen Spulen für drei Stühle herstellen könnten.
Dabei arbeiteten sie in der Regel vier Stunden, und zwar eine
Stunde vor Beginn der Schule, eine Stunde in der Mittagspause
und zwei Stunden am Abend. Der Wochenlohn eines Spul-
kindes wird auf 2 Mk. angegeben. Die Nachteile, die sich
aus einer solchen Beschäftigung sowohl für die geistige wie
für die körperliche Ausbildung des Kindes ergeben muſsten,
liegen auf der Hand. Die Schularbeiten muſsten vernachlässigt
werden, und die gebückte Körperhaltung beim Spulen sowie
die stets gleichartige Bewegung der Arme konnte auf die
Dauer nicht ohne schädlichen Einfluſs auf die Gesundheit des
Kindes bleiben[1].

Eine Polizeiverordnung vom 1. Juni 1898 versuchte bereits
die miſsbräuchliche Verwendung schulpflichtiger Kinder in der
Hausindustrie zu bekämpfen. Sie verbot Hausindustriellen
die Beschäftigung von Schulkindern gegen Lohn oder eine
diesem gleich zu achtende Vergütung sowohl morgens vor Schul-
anfang als in der Zeit zwischen dem Vor- und Nachmittags-
unterricht, und abends nach 7 Uhr bei Strafe bis zu 300 Mk.
Durchgreifende Änderungen aber werden erst mit der strengen
Durchführung des Reichsgesetzes vom 2. April 1903 eintreten,
welches die Beschäftigung fremder und familienangehöriger
Kinder unter 13 Jahren auch in der Hausindustrie verbietet[2].

Einem anderen immer mehr hervortretenden Bedürfnisse
war schon durch die kaiserliche Verordnung vom 9. Juli 1900
abgeholfen worden. Diese stellte nämlich neben den Betrieben, in denen eine regelmäſsige Benutzung von Dampfkraft stattfindet, endlich auch diejenigen Werkstätten den
Fabriken gleich, welche mit anderen Elementarkräften wie Gas,
Wasser, Elektrizität u. s. w., arbeiten[3]. Der kleine Meister,
welcher bis dahin infolge der Benutzung von Dampfkraft in
der Verwendung jugendlicher Arbeiter beschränkt war, hatte
sich oft und bitter beklagt, daſs gerade er in seiner Freiheit
behindert sein sollte, während sein Nachbar, der mit einem
Gas-, Elektrizitäts- oder Petroleummotor gleich vorteilhaft
arbeitete, vollständig unbehelligt blieb. „Fälle, in denen die
bereits vorhandene Dampfkraft aus den erwähnten Gründen
wieder abgeschafft ist," schrieb der Gewerberat 1896, „gehören nicht mehr zu den Seltenheiten, und bei der Wahl eines
Motors für den Werkstättenbetrieb bevorzugt man immer

---

[1] J. d. G. 1896 S. 136.
[2] Siehe Reichsgewerbeordnung § 154 Abs. 3 und Bekanntmachung
betr. die Ausführungsbestimmungen des Bundesrats über die Beschäftigung
von jugeudlichen Arbeitern und von Arbeiterinnen in Werkstätten mit
Motorbetrieb vom 15. Juli 1900 (R.G.Bl. S. 566).
[3] Siehe R.G.Bl. vom 2. April 1903 Nr. 14 S. 117 § 13.

häufiger und manchmal nicht im sicherheitlichen und gesundheitlichen Interesse der jugendlichen Arbeiter solche elementaren Kräfte, die zur Zeit noch verwendet werden dürfen, ohne die Unternehmer irgendwie in der Ausnutzung seiner jugendlichen Arbeiter zu hindern[1]." Die kaiserliche Verordnung bedeutete also für Bezirke mit ausgebreitetem Kleinbetrieb, wie die Stadt Barmen, einen bedeutenden Fortschritt auf dem Gebiete des Schutzes jugendlicher Arbeiter.

Hier und da scheint im Bezirk noch die Meinung verbreitet zu sein, dafs die Beschäftigung von Kindern unter 12 Jahren in Fabriken zulässig sei, sofern dieselbe nicht in den eigentlichen Fabrikationsräumen erfolgt und mit der Herstellung der dort fabrizierten Ware nicht direkt in Verbindung steht. Der Berichterstatter schreibt darüber:

„Ich traf häufig in kleinen Webereien und Riemendrehereien Kinder von 4—12 Jahren, welche angeblich nicht beschäftigt, sondern nur von Eltern und Geschwistern beaufsichtigt wurden; nur in wenigen Fällen gelang es mir, trotz der offenbaren durch die von Arbeitsstoffen beschmutzten Hände bewiesenen Unwahrheit der Angaben, die Beschäftigung festzustellen[2]."

C. Lohnverhältnisse.

Der Verdienst der jugendlichen Arbeiter, die zum grofsen Teil im Wochenlohn stehen, schwankt zwischen 2 und 10 Mk., je nach Art und Länge der Beschäftigung. Lohnsätze zwischen 5 und 7 Mk. können wohl als typisch angesehen werden. Zu den am höchsten gelohnten jugendlichen Arbeitern gehören die Lüstriergehilfen in der Eisengarnindustrie mit einem Wochenlohn von 11 Mk. Ihre Arbeit ist aber auch eine sehr aufreibende. Die 14—16jährigen Knaben haben das Garn, das aus der Appretur kommt, auszuschwenken und zu glätten, ehe es in die Lüstriermaschine eingespannt werden kann, auf der es durch Bürsten gewichst wird. Die Knaben verrichten dieses Ausschwenken, indem sie den Garnstrang über eine eiserne Walze ziehen, dann am unteren Ende anfassen und durch ein Auf- und Abschnellen ihres Körpers das Garn abwechselnd lockern und straff ziehen, um es von der überflüssigen Appreturmasse zu befreien. Sie müssen sich sehr tummeln, da der im Akkord stehende Lüstrierer, dem sie in die Hand arbeiten, am Abend eine möglichst grofse Menge von Strängen abliefern will. Sobald der Lüstrierer seinen Strang fertig gewichst hat, hebt sein Gehilfe die beiden schweren eisernen Walzen der Lüstriermaschine, in

---

[1] J. d. G. 1896 S. 94.
[2] A. a. O. S. 94.

welche das gewichste Garn eingespannt war, aus und legt
dafür die Walze ein, über der das ausgeschwenkte Garn
hängt. Alles dies geht mit unglaublicher Geschwindigkeit vor
sich. Die Walzen haben ein Gewicht von 20—32 Pfund.
Binnen fünf Minuten muſs der Knabe eine solche Walze ungefähr sechsmal heben. Dabei ist er natürlich von der Laune
des Lüstrierers abhängig und wird beständig gehetzt. Die
Gehilfen machen denn auch fast ausnahmslos einen elenden,
überarbeiteten Eindruck. Die Arbeit, die selbst für einen Erwachsenen schwer wäre, wird aber nicht höher als mit 11 Mk.
wöchentlich bezahlt, und deshalb finden sich keine erwachsenen
Arbeiter dafür. Jugendliche werden aber gerade durch die
Höhe des Lohnes angelockt; auch reizt sie die Aussicht, später
zu Lüstrierern aufzurücken, die im allgemeinen aus den Reihen
der Lüstriergehilfen hervorgehen.

D. Die Ausbildung jugendlicher Arbeiter.

Die Ausbildung zu „gelernten" Arbeitern gestaltet sich
sehr verschieden, je nach dem Industriezweig, dem sie sich
zuwenden. In den meisten Textilfabriken versteht man unter
gelernter Arbeit nichts anderes als die Fähigkeit, eine bestimmte Maschine zu bedienen. Ein eigentliches Lehrverhältnis
ist in der niederrheinischen Textilindustrie kaum irgendwo
vorhanden.

Die Knaben treten vielfach in die Riemendreherei, Appretur und Färberei ein, die Mädchen beginnen mit dem Scheren,
Spulen, Haspeln oder Noppen. Sind sie eine Zeit lang in der
Fabrik tätig gewesen, so überträgt man ihnen, je nach dem
Grade ihrer Anstelligkeit und Geschicklichkeit, Arbeit an
irgend einer Maschine. Die Handgriffe sind meist so einfach,
daſs sie sich in wenigen Stunden erlernen lassen, nur die
Handhabung des Kraftwebstuhles erfordert eine Lehrzeit von
vier bis sechs Wochen. Die Kettenarbeit kann nur erlernen, wer vorher ein Jahr als Spuler und Scherer gearbeitet hat.

In der Baumwollweberei beträgt die Lehrzeit, während
deren die jungen Leute noch keinen Lohn bekommen, zwei
bis acht Wochen. Sie werden in der Fabrik entweder von
ihren Angehörigen oder aber von fertig ausgebildeten Arbeitern unterwiesen, die dafür Bezahlung erhalten. Von dem
Tage an, wo der Neueingetretene ein bis zwei Stühle bedient,
bis zu dem Zeitpunkt, an dem man ihn als einen tüchtigen
Weber bezeichnen kann, dauert es aber in der Regel immerhin
noch zwei Jahre. In der Seiden- und Bandweberei beträgt
die Lehrzeit vier bis sechs Monate, auch hier werden die
jugendlichen Arbeiter meistens in der Fabrik selbst unter-

richtet. Die Jacquardweberei dagegen wird hauptsächlich in
den Webeschulen erlernt.

Industriezweige, welche Modeeinflüssen oder plötzlichen
Konjunkturen ausgesetzt sind, empfinden wohl das Bedürfnis
nach tüchtig ausgebildeten Arbeitern zeitweilig in hohem
Maße, machen sich aber nur selten die Mühe, für ihre Heran-
bildung zu sorgen. Sie begnügen sich meist mit Ungelernten,
kürzen die Lehrzeit möglichst ab und suchen die Leistungs-
fähigkeit durch ein Prämiensystem zu erhöhen. In diese
Kategorie fallen die Samt- und Seidenindustrie sowie die
Besatzartikelbranche. Günstiger schon gestalten sich die Verhältnisse in denjenigen Industriezweigen, die mit regelmäfsigen Schwankungen zu rechnen haben, wie die Tuch-
weberei, die Zeugdruckerei und Färberei. Auch hier wird zu
Zeiten der Hauptkonjunktur eine gröfsere Arbeiterzahl ein-
gestellt, als später beibehalten werden kann; da aber auch
in weniger flotten Zeiten gearbeitet wird, so lohnt es sich
immerhin eher, tüchtige Kräfte auszubilden.

Am besten sind zweifellos die Stapelindustrien daran, zu
denen man die Woll- und Zanellaweberei, viele Spinnereien
und fast die gesamte Baumwollindustrie rechnen kann. Bei
ihnen liegt ein starkes Bedürfnis nach gelernter Arbeit vor,
und es wird um so leichter befriedigt, als die Ausbildung
verhältnismäfsig kurze Zeit erfordert. Sie bieten daher dem
jugendlichen Arbeiter die sicherste Aussicht auf regelmäfsigen
Verdienst, zeichnen sich aber in der Regel auch durch niedrigere Löhne aus als die sogenannten Modeindustrien.

Viertes Kapitel.

Wohnungsverhältnisse.

A. Topographische Verhältnisse.

Ist es an sich schon leicht erklärlich, dafs eine so rasch
aufblühende Fabrikstadt wie Elberfeld-Barmen lange Zeit mit
ungünstigen Wohnungsverhältnissen zu kämpfen hatte, so
kamen im Wuppertal noch eigenartige örtliche Verhältnisse
hinzu, die einer rationellen Bebauung Hindernisse in den Weg
stellten. Elberfeld-Barmen, das jetzt ein zusammenhängendes
Häusermeer von 12 km Länge und 2 km gröfster Breite bildet,
ist aus einzelnen nur sehr ungenügend miteinander verbundenen
Ortschaften dörflichen Charakters binnen 100 Jahren zur Grofs-
stadt angewachsen. Die einzeln liegenden Stadtteile waren
nicht nach einem einheitlichen Plan bebaut und hatten meist
enge unregelmäfsige Strafsen, die nur für ganz kleine Bau-
stellen Platz liefsen. Allmählich wuchsen diese Stadtteile mehr

und mehr an und vereinten sich zu einem organisch schlecht
zusammenhängenden Ganzen. Die eigentümliche Lage der
Schwesterstädte, welche durch die sie im Norden und Süden
einschließende Hügelkette darauf angewiesen sind, sich nur
längs des schmalen Taleinschnitts der Wupper auszubreiten,
sowie der Umstand, daß die großen Bleicherei- und Färberei-
anlagen die Terrains an beiden Seiten des Flusses besetzten,
um das Wupperwasser benutzen zu können, verringerten
noch die Möglichkeit, in der Bebauung der inneren Stadt
Schönheits- oder Gesundheitsregeln zu befolgen.

Auch aus den mangelhaften Entwässerungsanlagen ergaben
sich vielfache Mißstände; sie werden erst mit der Fertigstellung des neuen, jetzt im Bau befindlichen Kanalisations-
systems gänzlich gehoben sein. Die eben besprochene Lage
der Stadt ermöglichte, wo eine oberirdische Ableitung der
Haus- und Fabrikwasser nicht tunlich war, den billigen Bau
von kurzen Kanalstücken, um die Abwässer der Wupper zu-
zuführen. Vielfach benutzte man hierzu die Entwässerungs-
gräben der alten, seit der Erfindung der chemischen Bleich-
methode außer Gebrauch gesetzten Bleichereien, die meist
inmitten der Häuserviertel liegen. Einige dieser Gräben waren
lange als Seuchenherde berüchtigt und stellen noch heute für
die Anwohner eine nicht zu unterschätzende Gefahr dar.

Hand in Hand mit diesem Übelstande ging die zunehmende
Verunreinigung des Flusses, die mit dem Anwachsen der Industrie sich von Jahr zu Jahr steigerte und endlich einen
solchen Grad erreichte, daß sich der königliche Gewerberat
für Düsseldorf im Jahre 1885 zu folgendem Gutachten ver-
anlaßt sah:

„Nach den Erhebungen schleppt der Fluß täglich etwa
150 Pfund an Unrat jeglicher Art fort. Wochenlang, bei
trockener Jahreszeit monatelang, sammeln sich die Schmutz-
wasser im Wupperbette und verbreiten zeitweise wahrhaft
schauderhafte Miasmen. Jedes Hochwasser führt dann tausende
von Tonnen der stinkenden, faulenden Massen auf die niedrig
gelegenen Seitengelände des Flusses, wo sie weiter faulend
die Luft verpesten und wo ihre Rückstände dicke An-
schwemmungen bilden.

Die Wirkungen der Verschmutzung äußern sich schon
im oberen Wupperlauf und steigern sich mit der vergrößerten
Schmutzzufuhr in Barmen und Elberfeld zu einem Maximum.
In Elberfeld ist das Grundwasser durch die Wupper in solchem
Maße verdorben, daß manche 20—30 m von ihr entfernt
liegende Brunnen nur tief dunkelbraun gefärbte wässrige
Brühen geben. Der Bedarf der Umgegend an reinem Wasser
ist demnach offenbar in hohem Maße beeinträchtigt. Dem
entspricht es auch, wenn, um nur ein Beispiel zu nennen,
einer derjenigen Gewerbetreibenden, welche zur Verschmutzung

in hervorragender Weise beitragen, ein Fünftel der Gesamt-
förderung der eine Million kostenden öffentlichen Wasser-
leitungsanlage verbraucht. Bedenklicher aber als alle Schädi-
gungen erscheint die Beeinträchtigung des Wohlbefindens und
der Gesundheit der Wupperanwohner.

Die unter dem Einfluſs einer Wupperschwellung ins Grundwasser gestauten Wupperbrühen färbten das Grundwasser in
Sonnborn bei Elberfeld rot und gleichzeitig traten dort töd-
liche Typhuserkrankungen auf, welche meines Erachtens mit
ersterer Erscheinung gleichen Ursprungs waren.

Auf den kloakenhaften Zustand der Wupper ist es wohl
auch zurückzuführen, daſs im Durchschnitt während der letzten
beiden Jahre in Barmen und Elberfeld 12,8 Prozent aller Ge-
storbenen Infektionskrankheiten zum Opfer fielen, während die
gleiche Verhältniszahl für die Bergstädte Witten und Siegen
8,1 Prozent, für Köln und Düsseldorf 6,4 Prozent betrug.

Dringlich erscheint das Verbot des Einwurfs von Abfall,
Kadavern und dergleichen und der Abschluſs aller Aborte von
der Wupper. Auſserdem die Untersagung der Einleitung un-
gereinigter Abfallwässer der Haus- und Stallwirtschaft und
von gewerblichen Abfällen und Abwässern."

Nach langem Hin und Her zwischen den Stadtverwaltungen,
welche von einem allzu rigorosen Vorgehen gegen diese Übelstände eine Vernichtung ihrer Industrien befürchteten, und
der königl. Regierung zu Düsseldorf einigte man sich schlieſslich dahin, die Abführung der Schmutzwässer der beiden
Städte in die Wupper nur noch unter der Bedingung zu gestatten, daſs die Wässer vorher in einer unterhalb Elberfeld
zu errichtenden Kläranlage so vollständig wie möglich chemisch
gereinigt würden. Hiermit war die Grundlage für den neuen
Kanalisationsplan gegeben.

Heute sieht man nur an Sonn- und Feiertagen, daſs die
Wupper von Natur ein freundlicher klarer Fluſs ist; an Werk-
tagen wechselt sie die Farbe wie ein Chamäleon, je nach der
Färbung der Abwässer, die ihr aus den anliegenden Färbereien
und Farbenfabriken zugeführt werden. Die Fertigstellung der
Kanalisation wird daher wie zur Gesundung so auch zur Ver-
schönerung der Stadt wesentlich beitragen.

B. Verkehrsverhältnisse.

Der Aufschwung, den das Wuppertal in den letzten Jahren
genommen hat, wird durch die Erbauung der Schwebebahn
gekennzeichnet, welche die Städte Elberfeld und Barmen, dem
Wupperlaufe folgend, in ihrer ganzen Längenausdehnung durch-
messen soll. Bis jetzt ist erst die Hälfte der Linie, von Voh-
winkel bis an die innere Barmener Stadtgrenze (im ganzen
7,6 km), fertig gestellt. Da die Schwebebahngesellschaft für

die unterste Wagenklasse noch einen ungleich höheren Preis
fordert (10 Pfg. für die Teilstrecke von 5,1 km), als die die
gleiche Strecke durchlaufende elektrische Talbahn, welche für
die 12 km lange Strecke von der Elberfelder Stadtgrenze bis
zur äußeren Stadtgrenze von Barmen-Rittershausen nur einen
Einheitstarif von 10 Pfg. erhebt, so kommt das neue Ver-
kehrsmittel für die Arbeiterbevölkerung leider so gut wie
gar nicht in Betracht. Diese bleibt nach wie vor auf die
Talbahn und auf die Eisenbahnlinie angewiesen, die das Tal
gleichfalls in seiner Längsrichtung durchläuft. Aber auch
diese Verkehrswege dienen nicht der Dezentralisation der
Arbeiterwohnungen. Infolge der geringen Häufigkeit von Lokal-
zügen und der Länge der Zeit, die eine Fahrt auf der elek-
trischen Bahn erfordert, ist es die Regel, daß die Arbeiter
nicht allzu weit von ihrer Arbeitsstätte entfernt wohnen.
Der anderorts gewählte Ausweg, die umliegenden Ortschaften
zur Unterbringung der Arbeiterbevölkerung mit heranzuziehen,
ist im Wuppertal aber auch deshalb wenig in Betracht gezogen worden, weil sämtliche Nachbarorte selber kleinere
Industriezentren bilden, und die tüchtigen Arbeiter bald in
den betreffenden Orten ihnen zusagende Beschäftigung finden
würden, die sie von der lästigen Bahnfahrt und den mit ihr
verbundenen Kosten enthöbe.

So richten sich Elberfeld und Barmen mit ihrer immer
größer werdenden Einwohnerschaft auf dem beschränkten Raum
ein, so gut es eben geht. Es kann aber festgestellt werden,
daß sich trotz dieser mannigfachen Erschwernisse die Wohnungsverhältnisse der Arbeiterklasse in den letzten Jahrzehnten
wesentlich gebessert haben.

C. Wohnungsreformen.

Sowohl die Gemeinde als auch vor allem die Privat-
initiative haben schon seit geraumer Zeit ihr tatkräftiges
Interesse dem Gebiet der Wohnungsreform zugewandt.

α. Tätigkeit des Staates.

Die Tätigkeit des Staates in dieser Beziehung ist eine
ziemlich beschränkte geblieben. Immerhin ist durch polizei-
liche Anordnungen ein gewisser Fortschritt erzielt worden.

Wie notwendig die Aufstellung gewisser Vorschriften über
die von Schlafleuten zu benutzenden Räume war, geht aus
der Schilderung der durch das Quartiergängerunwesen hervorgerufenen Mißstände hervor, die der Gewerbeinspektor des
Bezirks aus dem Jahre 1876 entwirft[1].

---

[1] Siehe J. d. G. 1876 S. 270 ff.

„Die Wirkung der Quartiergänger auf die Familien ist eine tief zersetzende," schreibt er. „Zwischen Ehemann und Eheweib schiebt sich der Fremde, ursurpiert der letzteren Gunst oder die der Töchter. Eheleute und Kinder nehmen teil an den Orgien der Fremden — sie alle werden ja freigehalten. Und wo die Eheleute sich anfangs sträuben gegen solchen Einfluſs, unterliegen sie doch zuletzt. Die Nachtschichten, Müdigkeit, die durch Sorgen und häusliche Beschwerden verdüsterte Stimmung des Mannes, die Gefälligkeit und Freigebigkeit des Fremden, das Alleinsein der Frau während der Nacht Tür an Tür mit dem Fremden; in Arbeiterhäusern die Abgeschlossenheit der einzelnen Familienwohnungen: alle diese Umstände tragen vereint zum Falle der Frau — Mangel und Not, das Bewuſstsein, mit den kleinen Kindern ohne Frau nicht existieren zu können, vielleicht endlich zur Gutheiſsung des Verhältnisses durch den Mann selbst bei. In sanitärer Beziehung wirkt das Quartiergängerwesen gleich fatal; einmal ist die weite Verbreitung der Syphilis dadurch gefördert worden, und andererseits bietet das gedrängte Zusammenwohnen, die meist einreiſsende Unreinlichkeit den Keimen einer Epidemie eine geeignete Brutstätte dar."

Es war wenig genug, wenn die Regierung in ihrer Verordnung von 1879[1] für die Kost- und Quartiergänger einen von der Familienwohnung getrennten Raum, der für den Kopf mindestens 10 cbm Luftraum enthalten muſs, und getrennte Unterbringung der Schlafgänger verschiedenen Geschlechts verlangte, zumal ausreichende Maſsregeln zur lokalen Kontrolle nicht getroffen wurden.

Etwas weitergehend war die vom Düsseldorfer Regierungspräsidenten im Jahre 1895[2] erlassene Verordnung über die Beschaffenheit und Benutzung der Wohnungen. Diese bezieht sich allerdings nur auf Mietshäuser, d. h. auf solche Häuser, welche zwei oder mehr Familien beherbergen.

Die Vorschriften über die Beschaffenheit der Wohnung sind nicht anderer Natur, als sie sich in jeder groſsstädtischen Bauordnung vorfinden.

Anders verhält es sich mit denen über die Benutzung der Wohnungen. Hier kommen ausschlieſslich die Schlafräume in Betracht. Diese sollen für jede zur Haushaltung gehörige über 10 Jahre alte Person mindestens 10 cbm Luftraum, für jedes Kind unter 10 Jahren mindestens 5 cbm Luftraum enthalten. Kinder, welche das erste Lebensjahr noch nicht vollendet haben, können auſser Betracht bleiben.

Die Schlafräume sollen ferner derart beschaffen sein, daſs die ledigen, über 14 Jahre alten Personen, nach dem Ge-

---

[1] Siehe G. W. 10. Jahrg. Nr. 3—4 S. 57.
[2] Siehe G. W. 10. Jahrg. Nr. 3—4 S. 58.

schlechte getrennt, in besonderen Räumen oder Abschlägen
schlafen können, und daſs jedes Ehepaar für sich und seine
noch nicht 14 jährigen Kinder einen besonderen Schlafraum
oder doch einen besonderen Abschlag einnimmt.

Aus Anlaſs dieser Regierungspolizeiverordnung unternahm
die Stadt Elberfeld im Jahre 1897 [1] eine Erhebung über die
dortigen Arbeiterwohnungsverhältnisse, die sich leider nur auf
die in der betreffenden Verordnung erwähnten Gesichtspunkte
beschränkte und auf einen Vergleich mit den allgemeinen
Wohnungsenquêten in den Schweizer Städten z. B. keinerlei
Anspruch erheben kann. Sie erstreckte sich auch nur auf
diejenigen Wohnungen, von welchen man vermutete, daſs sie
der Verordnung nicht entsprächen. Ein weiterer Nachteil ist,
daſs sie nicht von Fachleuten, sondern von den Revierpolizei-
sergeanten ausgeführt wurde, die sich im allgemeinen weder
durch Sachkunde noch durch groſses Verständnis für ihre
Aufgabe auszeichnen dürften. Ist so der Wert des Zahlen-
materials kein sehr bedeutender, so bietet es doch immerhin
für die Beurteilung der einschlägigen Verhältnisse manchen
interessanten Anhaltspunkt.

Untersucht wurden im ganzen 1137 Wohnungen. Davon
lagen

im Keller . 10 Wohnungen
„ I. Stock 136 „
„ II. „ 227 „
„ III. „ 209 „
„ IV. „ 2 „

im Dachgeschoſs

a) mit schrägem Dach 409 Wohnungen
b) ohne schräges „ 40 „

920 Wohnungen hatten 1 Schlafzimmer
199 „ „ 2 „
17 „ „ 3 „
1 Wohnung hatte mehr als 3 Schlafzimmer.

Die Gröſse der Fenster war genügend in 963 Fällen, ungenügend in 214 Fällen.

Der Kubikinhalt der Schlafräume genügte in 490 Fällen,
genügte nicht in 706 Fällen.

Verstöſse in Bezug auf nicht getrenntes Schlafen der Geschlechter lagen vor in 731 Fällen. Schlafgänger waren vorhanden in 51 Fällen. Ihre Gesamtzahl betrug 110.

Der Beigeordnete Lübke-Elberfeld, unter dessen Leitung
vorstehende Enquête ausgeführt wurde, teilte ihre Ergebnisse
in der Hauptversammlung des Bergischen Vereins für Gemeinwohl mit und fügte hinzu:

---

[1] Siehe G. W. 10. Jahrg. Nr. 3—4 S. 71. 72.

„Dies Bild muſs als ein trübes bezeichnet werden. Be-
rücksichtigt man, daſs die Regierungspolizeiverordnung sich in
wirklich sehr engen Grenzen bewegt und nur das unumgäng-
lich Notwendige vorschreibt, so enthalten die mitgeteilten
Zahlen eine ernste Mahnung. Die in groſsem Umfange vorhandene Überfüllung der Wohnungen, die sich einerseits in
dem unzureichenden Luftraum (in 706 Fällen), andererseits in
der Zusammenpferchung der verschiedenen Geschlechter in
einem Schlafraum (in 731 Fällen) äuſsert, verlangt dringend
nach Abhilfe. Unter diesen Umständen kann die geringe Zahl
der nicht zur Familie gehörigen Schlafleute als ein günstiges
Zeichen nicht einmal betrachtet werden. Die Wohnungen sind
derart überfüllt, daſs eine Aufnahme fremder Personen gar
nicht mehr möglich ist[1].“

Solange die Wohnungsverhältnisse so im argen liegen, ist
es bei der sonst im ganzen recht hoch stehenden bergischen
Arbeiterbevölkerung nicht erstaunlich, daſs der Sinn für Rein-
lichkeit und Gesundheitspflege mangelhaft ausgebildet ist.
Die meisten Arbeiterfamilien haben — trotz aller Polizei-
verordnungen — auch heute noch nichts als eine Küche und
ein Zimmer zur Verfügung, wo die ganze Familie zusammen
haust. Ganz abgesehen von den sittlichen Schäden, die daraus
entstehen müssen, sind die Nachteile für die Gesundheit
schwerster Art. Allmorgendlich eine gründliche Säuberung
des Körpers vorzunehmen, ist so gut wie ausgeschlossen. Es
fehlt dazu einmal an Raum, vor allem aber bei dem Zu-
sammenschlafen verschiedener Geschlechter und Altersklassen
an der nötigen Ungeniertheit. Beide Gründe wurden einem
Kassenarzt verschiedentlich entgegengehalten, als er kalte Ab-
reibungen verordnete.

„Das dritte Zimmer“ in der Arbeiterwohnung ist nach
der Ansicht dieses Arztes das allgemein anzustrebende Ziel.
Es ist von so hoher Bedeutung, daſs es durch keine andere
Maſsregel ersetzt werden kann; nur hierdurch ermöglicht sich
eine Trennung der Geschlechter, der Eltern von den Kindern,
der Kranken von den Gesunden, je nach Beschaffenheit der
Familie. Leider wird das dritte Zimmer, wo es vorhanden
ist, auf ganz falsche Weise, namentlich als „gute Stube“ benutzt.

So fand derselbe Arzt beispielsweise in einer drei-
zimmerigen Wohnung allerdings die Eltern von den Kindern
gesondert, aber einen schwindsüchtigen Knaben von 15 Jahren,
der schon zweimal in der Lungenheilstätte zu Lippspringe gewesen und unheilbar war, mit seinen drei gesunden Halb-
schwestern bei geschlossenen Fenstern im gleichen Zimmer
schlafend. Ähnliche Fälle wurden ihm in anderen Familien
bekannt. Man sieht also, daſs selbst, wo eine Sonderung der

---

[1] Siehe G. W. 10. Jahrg. Nr. 3—4 S. 72.

Kranken von den Gesunden durch eine zweckmäfsige Benutzung des dritten Zimmers möglich wäre, dies aus Mangel
an Überlegung einfach nicht geschieht.

Nähere Angaben über die Mietpreise der Arbeiterwohnungen
verdanken wir den in den Jahren 1895 und 1900 vom Tarif-
amt der deutschen Buchdrucker unternommenen Erhebungen
über die Veränderung der Lebensmittel- und Wohnungspreise.
Diese wurden durch eine Umfrage bei den Magistraten von
etwa 500 deutschen Städten ermittelt.

Für das Jahr 1895 wird der Mietpreis einer Arbeiterwohnung von 2—3 Zimmern in Barmen auf 150—220 Mk.,
in Elberfeld von 240—270 Mk. angegeben.

In der Enquête von 1900 findet sich über die Wohnungspreise in Elberfeld keinerlei Aufschlufs. Hingegen hat die
Barmener Stadtverwaltung sämtliche gestellte Fragen beantwortet und als Preis für 2—3 Zimmer mit Zubehör 220
bis 250 Mk. angegeben.

Indessen erklärt die sozialdemokratische „Freie Presse"
diesen Preis als zu niedrig gegriffen und nennt 270 und 300 Mk.
als den heute gültigen Mietpreis für drei Zimmer[1].

Jedenfalls hat sich, selbst wenn die Wahrheit in der Mitte
liegt — der durchschnittliche Mietpreis einer Barmener Arbeiterwohnung also 260 Mk. beträgt — die Miete in dem genannten
Zeitraum erheblich gesteigert. Da diese Zunahme mit einer
erheblichen Erhöhung der Lebensmittelpreise Hand in Hand
ging, so wurde die während des gleichen Zeitabschnittes eintretende anscheinend grofse Steigerung des durchschnittlichen
Jahresarbeitslohnes von 789 auf 885 Mk. dadurch fast gänzlich
belanglos gemacht

Kehren wir zu unserem Ausgangspunkt, der Tätigkeit des
Staates auf dem Gebiete der Wohnungsreform, zurück, so
sind neben den polizeilichen auch noch finanzielle Mafsnahmen
zu erwähnen.

Hier kommt in erster Linie das Vorgehen der Alters- und
Invaliditätsversicherungsanstalten in Betracht, die sich zur
Aufgabe gestellt haben, durch unkündbare Darlehen zu mäfsigem
Zinsfufs den Bau von Arbeiterwohnungen zu fördern. Ferner
ist zu nennen die seit Juli 1895 in Kraft getretene Gewährung
von Stempelfreiheit an gemeinnützige Baugesellschaften.

β. Tätigkeit der Gemeinden.

Die Tätigkeit der Gemeinden hat sich in Elberfeld und
Barmen nicht nur darauf beschränkt, die von privater Seite
ausgehenden Bestrebungen zur Errichtung billiger Arbeiter-

---

[1] Siehe „Freie Presse" vom 14. Juni 1901.

wohnungen in verschiedener Weise zu unterstützen — so durch Verleihung von Kapital zu billigem Zinsfuſs, durch Übernahme einer Zinsgarantie, durch unentgeltliche Hergabe von Terrain u. s. f. —, sondern die Stadtverwaltungen sind auch selbständig auf dem Gebiete vorgegangen. Die Häuser für Obdachlose, zu deren Bau die Stadt Barmen im Jahre 1887 schritt, als infolge des starken Anwachsens der Industrie eine Wohnungsnot eintrat, sowie einige städtische Arbeiterhäuser in Elberfeld sind in diesem Zusammenhang zu erwähnen.

Ferner hat sich die Elberfelder Stadtverwaltung durch die im März 1901 erfolgte Eröffnung eines Wohnungnachweises für Wohnungen bis zu 500 Mk. Jahresmiete zweifellos ein Verdienst erworben.

γ. Privattätigkeit.

Von weitaus gröſserer Bedeutung und Mannigfaltigkeit aber sind die Unternehmungen, welche der Initiative Privater ihre Entstehung verdanken. Der Form nach verschieden, lassen sie sich in drei Kategorien einteilen:

1. Unternehmungen der Arbeitgeber und anderer Privater.
2. Gemeinnützige Bauvereine.
3. Arbeiterbaugenossenschaften.

Die erste Gruppe läſst sich mit wenigen Worten erledigen. Es ist meist das eigene Interesse der Unternehmer an der Erhaltung eines festen, tüchtigen Arbeiterstammes, das sie besonders in den Auſsenbezirken veranlaſst, den Bau von Arbeiterhäusern in nächster Umgebung der Fabrik in Angriff zu nehmen. So haben die Firma David Peters & Co. in Neviges bei Elberfeld, Wülffing und Sohn in Lennep, H. Brünnighaus und Söhne in Barmen auf ihren eigenen Grundstücken Arbeiterkolonien errichtet. Ansätze dazu sind auch bei anderen neuerdings errichteten Fabriken vorhanden, so die musterhaft eingerichteten Meisterhäuser der Schlieperschen Fabrik in Sonnborn.

Auf eine im ganzen recht erfolgreiche Tätigkeit kann die der zweiten Kategorie angehörige „Barmener Baugesellschaft für Arbeiterwohnungen" zurückblicken[1]. Sie wurde bereits im Jahre 1872 von einer Reihe sozial interessierter Fabrikanten gegründet, und zwar als „Aktiengesellschaft ohne beschränkte Haftpflicht". Sie begann mit einem Kapital von 350 000 Mk., erhöhte dieses bei der steigenden Bautätigkeit im Jahre 1883 auf 610 000 Mk und 1887 auf 750 000 Mk. Die Dividende ist auf 4 Prozent festgesetzt. Gebaut wurden bis 1900 355 Familienhäuser, deren Gesamtwert sich einschlieſslich des Grund und Bodens auf etwas über 2 Mill. Mk. beziffert; davon

---

[1] Siehe G. W. 10. Jahrg. Nr. 3—4 S. 85—90.

waren notariell verkauft 183, mit Vorkaufsrecht vermietet 26, und 2 Häuser standen leer. Die bereits geleisteten Abzahlungen auf die mit Vorkaufsrecht vermieteten Häuser betrugen in dem gleichen Jahre 174 680 Mk.

Das Miets- bezw. Vorkaufsystem gestaltet sich folgendermafsen: Miete und Abzahlungen werden zu einer gleichbleibenden Annuität von mindestens 7 Prozent vereinigt, so dafs die Zinsen den Abzahlungen jährlich zuwachsen und die Amortisation des Kaufpreises bei einer Abzahlung von jährlich 1 Prozent desselben in ungefähr 19 Jahren sich vollzieht. Ein Mieter, der einen Vertrag mit Kaufrecht eingegangen ist, kann jederzeit zurücktreten. In diesem Falle bekommt er, nach gewissen Abzügen für Abnutzung und Reparaturen, seine Einlagen plus 5 Prozent Zinsen zurück.

Den Kasernenbau hat die Barmener Baugesellschaft von vornherein ausgeschlossen. Es sind vier Arten von Häusern gebaut worden, von denen je zwei vier Zimmer, je zwei sechs Zimmer haben.

Der Kaufpreis für das einfache vierzimmerige Haus beläuft sich, je nach dem Terrain, auf 3900—4200 Mk. Das andere vierzimmerige Haus, dessen obere Räume infolge eines äufseren Treppenhausanbaues geräumiger sind, stellt sich auf 4500—4800 Mk. Das dritte Modell, das in erster Linie für Meister oder selbständige Bandwirker mit Motorbetrieb im Hause berechnet ist, hat aufser den sechs Zimmern noch zwei Bodenräume und kostet 7500—7800 Mk. Verhältnismäfsig am billigsten ist das vierte Haus mit sechs Zimmern und flachem Dach, dessen Kaufpreis nur 4800—5400 Mk., also zu 6 Prozent gerechnet = 288—324 Mk. Miete beträgt.

Das Doppelhaus hat sich für die bergischen Verhältnisse als das zweckmäfsigste erwiesen, dagegen sind die Versuche mit dem Vierfamilienhaus ungünstig ausgefallen, da die einzelnen Viertel je nach Lage und Himmelsrichtung trotz ganz gleicher Einteilung und Einrichtung von zu verschiedenem Werte waren und dies häufig Anlafs zu Streitigkeiten zwischen den einzelnen Parteien gab. Die gleichen Übelstände ergaben sich auch aus der Vierteilung des Gartengrundstücks.

Um die Übelstände zu vermeiden, die sich in der „cité ouvrière" zu Mülhausen i. E. herausgestellt haben, hat man in Barmen an sieben verschiedenen Stellen der Stadt Baugrund für Arbeiterwohnungen erworben, wodurch eine strenge Scheidung der Arbeiterschaft von den übrigen Klassen der Bevölkerung von vornherein vermieden wird.

Gleichfalls Mülhausener traurige Erfahrungen veranlafsten die Gesellschaft, in den Kaufvertrag die Bedingungen aufzunehmen, dafs die Hauserwerber einzelne Zimmer nicht vermieten dürfen, und dafs jeder Wechsel im Eigentum, abgesehen von Erbschaftsfällen, sowie jeder An- und Neubau während der ersten 10 Jahre nach dem Kauf der Genehmigung der Gesellschaft unterliege. Auf diese Weise ist der Spekulation, welche die Vorteile der Mülhausener Baugesellschaft bald in Nachteile verwandelte, von vornherein ein Riegel vorgeschoben.

Der Versuch, in Barmen eine Arbeiterbaugenossenschaft zu gründen, ist leider gescheitert. Die Absicht ging aus von einem christlich-sozialen Arbeiterverein, der aber den Plan wieder fallen lassen mufste, da er bei der Ausdehnung, welche die Barmener Baugesellschaft bereits gewonnen hatte, nicht genügend Teilnehmer fand.

Der Mifserfolg des Unternehmens ist um so bedauerlicher, als dadurch ein erneuter Versuch in dieser Richtung wahrscheinlich auf lange Zeit hinaus vereitelt worden ist. Der grofse Vorteil der genossenschaftlichen Form der Baugesellschaft beruht in der Heranziehung der Interessenten selber zur Lösung der Wohnungsfrage. Neben dem hohen Werte, den eine solche Mitarbeit an der Abstellung sozialer Mifsstände für den Arbeiter hat, steigert die Mitwirkung der Nächstbeteiligten die Möglichkeit, stets das zu erreichen, was den wirklichen Bedürfnissen am besten entspricht.

Es steht daher zu hoffen, dafs der vereitelte Versuch, eine Reform der Wohnungsverhältnisse auf genossenschaftlichem Wege anzubahnen, nicht der letzte gewesen sei, und dafs vertiefte Einsicht in das soziale Leben auf seiten der Arbeiter sowohl als auf seiten derer, denen das Wohl der Arbeiterklasse am Herzen liegt, eine Rückkehr zu dieser Form mit sich bringen möge.

Fünftes Kapitel.
Der Arbeiterhaushalt.

Es hält schwer, über die Wirtschaftsführung der Arbeiter zuverlässige Auskunft zu erlangen, da in der Regel die Ausgaben nicht gebucht werden. Die folgenden vier Arbeiterhaushaltsbudgets beruhen auf den Aufzeichnungen der betreffenden Arbeiterfrauen und geben die Menge der erforderlichen Subsistenzmittel, z. T. nach der Wirklichkeit, z. T. nach Schätzungen, an, denen die langjährigen Erfahrungen der befragten Familien zu Grunde liegen.

Bei der aufserordentlichen Schwierigkeit derartiger Erhebungen und dem grofsen Mifstrauen, dem sie in Arbeiterkreisen zu begegnen pflegen, war es der Verfasserin von hohem Werte, sich die Mitarbeit einer Elberfelder Volksschullehrerin zu sichern. Ihr gelang es, im Interesse dieser Untersuchung einige Elberfelder Textilarbeiterfrauen, mit denen sie durch die schulpflichtigen Kinder bekannt geworden war, zur regelmäfsigen Buchführung anzuregen.

Leider blieben die Resultate hinter dem Erhofften weit zurück. Die Mehrzahl der betreffenden Frauen gaben die ihnen überreichten Ausgabenbücher schon beim nächsten Besuch der Lehrerin mit den Worten wieder, dafs ihr Mann „nichts davon wissen wolle". Bei den übrig bleibenden war die Ausdauer eine sehr geringe, so dafs eine Familie nur einen Monat, eine andere sogar nur 14 Tage lang Buch geführt hat. Am eingehendsten waren die Aufzeichnungen der Familien C. und D., von denen sich erstere über 4 Monate — November bis Mai — letztere über ein ganzes Jahr erstrecken.

Unter so erschwerenden Umständen war es nicht möglich, darauf zu bestehen, dafs die buchführenden Familien sämtlich die gleiche Kopfzahl aufwiesen. Der Zufall fügte es sogar, dafs die einzigen vier einigermafsen brauchbaren Budgets aus Familien mit ungewöhnlich hoher Kinderzahl — 4 bis 10 — stammen. Davon abgesehen, erscheinen sie aber immerhin interessant genug, um eine Veröffentlichung an dieser Stelle zu rechtfertigen.

Budget der Familie A.

Hausweber mit Frau und 4 Kindern unter 12 Jahren. Der Familienvater hat abends Nebenverdienst als Kellner.

Verdienst des Familienvaters als Weber monatl. im Durchschnitt 80 Mk.

| „ | „ | „ | „ Kellner | „ | „ | „ | 50 „ |

Summa: 130 Mk.

Gesamteinnahme ca. 1560 Mk. Von dieser Summe entfielen auf die Ausgaben:

1. für Nahrung . . . . 949 Mk. = 50,88 %

davon entfielen auf   Mk.

Fleisch und Fett . . .	364,00	= 38,36 %
Brot und Mehl	234,00	= 24,66 „
Butter und Milch . . .	98,80	= 10,41 „
Kartoffeln, Gemüse u. s. w.	192,40	= 20,27 „
Geistige Getränke . . .	59,80	= 6,30 „

Summa: 949,00 =100,00 %

2. für Kleidung . . . . 300 Mk. = 19,23 %
3. „ Wohnung (2 Zimmer im Souterrain) . . 135 „ = 8,64 „
4. „ Heizung und Beleuchtung . . . . 70 „ = 4,41 „
5. „ Sonstiges ca. . . . . 106 „ = 6,84 „

Summa: 1560 Mk. =100,00 %

Budget der Familie B.

Weber in Fabrik mit Frau und 6 Kindern von 18—7 Jahren. Die beiden ältesten Töchter von 18 und 16 Jahren sind als Fabrikarbeiterinnen tätig.

Wochenverdienst des Familienvaters	18—20,00 Mk.
„	der Tochter 1 . .	10,00 „
„	„ „ 2 . .	8,50 „
„	„ Familie ca. .	37,00 „

Jahreseinnahme der Familie ca. 1850 Mk.

Die Ausgaben verteilten sich wie folgt:

1. auf Nahrung . . . . 1000 Mk. = 54,06 %
   davon entfielen auf   Mk.
   Fleisch und Fett . . . 318,52 = 31,85 %
   Brot und Mehl . . . . 260,00 = 26,00 „
   Butter und Milch . . . 169,52 = 16,95 „
   Kartoffeln, Gemüse u. s. w. 175,76 = 17,58 „
   Geistige Getränke . . . 24,20 = 2,42 „
   Kaffee . . . . 52,00 = 5,20 „

        Summa: 1000,00 =100,00 %

2. auf Kleidung . . . . 450 Mk. = 24,33 %
3. „ Wohnung (4 Zimmer) . . . . . . 156 „ = 8,43 „
4. „ Heizung und Beleuchtung . . . 150 „ = 8,11 „
5. „ Sonstiges ca. . . . . 94 „ = 5,07 „

        Summa: 1850 Mk. ==100,00 %

Budget der Familie C.

Bandwirker in Fabrik mit Frau und 8 Kindern von 17 bis ³/₄ Jahren. Die beiden ältesten Söhne sind ebenfalls in Textilfabriken tätig.

Wochenverdienst des Familienvaters 21 Mk.
    „   „ Sohnes 1 . . 10 „
    „   „   „ 2 . . 6 „
    „   der Familie . . . 37 Mk.

Jahreseinnahme der Familie ca. 1850 Mk.

Die Ausgaben waren folgende:

1. Nahrung . . . . 1012 Mk. = 54,70 %
   davon entfielen auf   Mk.
   Fleisch und Fett . . 351,36 = 34,72 %
   Brot und Mehl . . . . 331,86 = 32,79 „
   Butter und Milch . . . 102,44 = 10,12 „
   Kartoffeln . . . . . . 132,84 = 13,13 „
   Gemüse . . . , . . . 57,50 = 5,68 „
   Geistige Getränke . . . —   —
   Kaffee . . . . 36,00 = 3,56 „

        Summa: 1012,00 =100,00 %

2. Kleidung . . . . 480 Mk. = 25,95 %
3. Wohnung (4 Zimmer im Dachgeschofs) . . 216 „ = 11,68 „
4. Sonstiges . . . . 100 „ = 5,40 „
                              42 „ = 2,27 „

        Summa: 1850 Mk. =100,00 %

Budget der Familie D.

Färbermeister in Fabrik mit Frau und 10 Kindern von 1—14 Jahren.

Wochenverdienst des Familienvaters als Färber . . . . . . 25 Mk.
Wöchentl. Nebenverdienst durch Reparaturen u. Photographieren 3 „

     Summa: 28 Mk.

Jahreseinnahme der Familie ca. 1400 Mk.

Von dieser Summe entfielen auf die Ausgaben:

1. für Nahrung			993 Mk.	= 70,93 %
davon entfielen auf	**Mk.**			
Fleisch und Fett . . .	83,20	=	8,38 %	
Brot und Mehl	476,84	=	48,02	„
Butter(Margarine)u. Milch	203,00	=	20,44	„
Kartoffeln	156,00	=	15,71	„
Gemüse	36,00	=	3,63	„
Geistige Getränke . . .	—		—	
Kaffee	37,96	=	3,82	„
Summa:	993,00	=	100,00 %	
2. für Wohnung (3 Zimmer)			210 Mk.	= 15,00 %
3. „ Heizung und Beleuchtung			100 „	= 7,14 „
4. „ Erziehung			25 „	= 1,79 „
5. „ Kassenbeiträge und Steuern . . .			50 „	= 3,57 „
6. „ Sonstiges inkl. Kleidung			22 „	= 1,57 „
		Summa:	1400 Mk.	= 100,00 %

Die verschiedenartige Zusammensetzung der Familien, aus denen die vorstehenden Haushaltungsbudgets hervorgegangen sind, ferner der Umstand, daß in zwei von ihnen die erwachsenen Kinder bereits mitverdienen, in den beiden anderen aber die Familie auf die Arbeit des Mannes allein angewiesen ist, gestatten es nicht, ohne weiteres allgemeine Schlüsse zu ziehen. Dennoch ist der Vergleich im einzelnen nicht ohne Interesse, da er uns einen tieferen Einblick in den typischen Haushalt des Wuppertaler Textilarbeiters gewährt. Dabei ist jedoch zu berücksichtigen, daß im Falle D. die Kleidungsausgabe nur zum geringsten Teil aufgeführt ist, weil sie aus privater Unterstützung bestritten wird. Setzt man sie nach Analogie der anderen Budgets ein, so ergeben sich annähernd die gleichen Prozentverhältnisse wie dort.

Betrachten wir zunächst die Nahrungsausgabe, die in dem Arbeiterhaushalt die Hauptrolle spielt, so zeigt sich trotz der Unterschiede in der Kinderzahl und in der Höhe des Jahreseinkommens, daß sie überall ungefähr die Hälfte des Jahresverdienstes beansprucht.

„Je ärmer eine Familie ist, ein desto größerer Anteil der Gesamtausgabe muß auf Beschaffung des nötigen Nahrungsquantums aufgewendet werden". (Ernst Engel.)

Größeren Unterschieden begegnen wir, wenn wir die Prozentverteilung der Nahrungsausgaben auf die einzelnen Posten ins Auge fassen. Diese wird — da die Lebensgewohnheiten der verschiedenen Familien am gleichen Ort ziemlich die gleichen sein dürften — in erster Linie durch die Zahl der Familienangehörigen sowie durch die Geschlechts- und Altersverhältnisse der Kinder beeinflußt.

Da Angaben über die Qualität und Quantität der verbrauchten Nahrungsmittel fehlen, so läßt sich mit Sicherheit natürlich nicht ersehen, ob die Ernährung im einzelnen Falle ausreichend und zweckmäfsig war. Wenn die Aufwandszahlen für Fleisch in den Budgets A, B und C unter den aufgeführten Posten die höchsten sind, so läfst sich ferner daraus noch nicht unmittelbar der Schlufs ziehen, dafs hier ein für den Städter ausreichend hoher Fleischkonsum vorliegt. Der Grund dafür ist vielmehr in den hohen Fleischpreisen zu suchen, die sich in den Jahren 1893—1900, also von der Zeit beginnenden geschäftlichen Aufschwungs bis zum Einsetzen der letzten Krise, für Ochsenfleisch von 1,45 auf 1,58 Mk., für Rindfleisch von 1,11 auf 1,39 Mk., für Schweinefleisch von 1,37 auf 1,49 Mk. und für Kalbfleisch von 1,18 auf 1,51 Mk. das Kilo erhöht haben.

So ist es denn nicht zu verwundern, dafs selbst in dem Budget der verhältnismäfsig am günstigsten gestellten Familie B die tierische Nahrung der rein vegetabilischen Nahrung gegenüber nur wenig überwiegt. Das Verhältnis gestaltet sich hier wie 48,80 Prozent : 43,58 Prozent. In der zwölfköpfigen Familie D aber entfallen von den Ausgaben für Nahrungsmittel sogar nur 28,82 Prozent auf tierische gegen 67,36 Prozent auf vegetabilische Kost. Die gesamte Fleischnahrung der Familie beschränkt sich auf 1 Pfd. mageres Rindfleisch wöchentlich, welches den Sonntagsbraten repräsentiert. Die vegetabilische Nahrung besteht zu 23,32 Prozent aus Kartoffeln, eine typische Erscheinung in den Budgets der Unterernährten, da die Kartoffel das am leichtesten sättigende Nahrungsmittel ist.

Geistige Getränke werden in den Familien C und D innerhalb des Hauses nicht genossen, und auch aufserhalb des Hauses kann der Konsum kein grofser sein, da Familie C für freie Ausgaben nur einen Spielraum von 42 Mk., Familie D aber nicht einmal die Mittel hat, um ihre Kleidung zu bestreiten.

Die Ausgaben für Kleidung sind denn überhaupt einerseits der dehnbarste, andererseits aber auch der am meisten einschränkbare Posten in allen Arbeiterbudgets. In den Familien A, B und C erscheint er verhältnismäfsig hoch, nämlich von 19,23—25,95 Prozent des Gesamteinkommens. Es ist dies wohl in erster Linie auf die hohe Mitgliederzahl der Familien zu schieben, die 6, 8 und 10 Personen beträgt, unter denen sich in den Familien B und C allein je 4 Erwachsene befinden. Nach den Angaben des Gewerbeinspektors[1] verbraucht ein mit grober Arbeit beschäftigter Fabrikarbeiter für seine eigene Person jährlich mindestens drei Blusen zu 1,80—2 Mk. und eben so viele Hosen zu 3 Mk., sowie 8—10 Paar Strümpfe zu 1 Mk., 3—4 Paar Holzschuhe zu 60 Pfg. und 1—2 Paar Lederschuhe zu 10 Mk. Rechnet man hinzu, dafs er

---

[1] Siehe J. d. G. 1884 S. 166. 167.

alle zwei bis drei Jahre noch einen besseren Anzug braucht, so belaufen sich die Ausgaben des Familienvaters allein auf ca. 75 Mk. im Jahr. Sind heranwachsende Söhne vorhanden, wie in Familie C, so wird auf sie ein entsprechend grofser Teil der Kleidungsausgaben entfallen. Billiger gestaltet sich die Frauenkleidung, da sie, falls die weiblichen Familienglieder nicht ebenfalls in der Fabrik tätig sind, von diesen selber im Hause angefertigt werden kann, was bei der Männerkleidung niemals möglich ist. Jedenfalls berechtigt eine Ausgabe von 400 bis 450 Mk. für die Bekleidung einer 8—10 köpfigen Familie nicht zu dem Schlusse, dafs sie dem Putze fröhnt oder auch nur über ihren Stand gekleidet geht. Die Wuppertaler Arbeiterbevölkerung legt Wert auf saubere und anständige Kleidung, und wenn sie es sich irgend gestatten kann, wird sie an den nötigen Ausgaben hierfür nicht sparen. Selten aber begegnet man in der Arbeiterbevölkerung übertrieben geputzten oder auffallend gekleideten Frauen. Selbst die Textilarbeiterinnen, soweit sie nicht den schlechtestgezahlten Kategorien angehören, zeichnen sich durch die saubere Einfachheit ihrer Kattunkleidung aus.

Familie D ist, wie bereits erwähnt, für Wäsche und Kleidung auf private Wohltätigkeit angewiesen. Die Frau, die für die äufserst sorgsam und haushälterisch geführte Wirtschaft sowie für ihre zehn noch nicht erwerbsfähigen Kinder zu sorgen hat, ist selbstverständlich nicht in der Lage, das Familieneinkommen durch ihre Mitarbeit auf die zur vollen Lebensfristung erforderliche Summe zu heben. Der Mann, welcher der am besten entlohnten Arbeiterklasse angehört, war in früheren Jahren sehr wohl im stande, die Familie vollständig durch seine Arbeit zu erhalten. Erst mit dem Anwachsen der Kinderzahl wurde dies allmählich unmöglich, und die Familie mufste der Wohltätigkeit oder der Verschuldung anheimfallen. Es ist dies ein typischer Fall unter der niederrheinischen Arbeiterbevölkerung, in der sehr hohe Kinderzahlen die Regel sind. Gelingt es den Familien, die kritischen Jahre, solange sämtliche Kinder erwerbsunfähig sind, zu überstehen, ohne auf ein allzu niedriges Niveau der Lebenshaltung herabgedrückt zu werden, so können ihnen die Kinder andererseits in späteren Jahren zu einer einträglichen Erwerbsquelle werden. Dieser Gesichtspunkt wird von den Arbeitern selber in Verteidigung einer hohen Kinderzahl sehr häufig angeführt. Mag eine so überquellende Volksvermehrung auch für die Gesamtheit manche Vorteile bieten, für die Nächstbeteiligten wäre es schon aus gesundheitlichen Rücksichten wünschenswert, wenn die Arbeiter sich der Idee einer Beschränkung der Kinderzahl zugänglicher zeigten.

Ein im Gegensatz zu den Ausgaben für Bekleidung und Reinigung ziemlich fest umschriebener Posten sind die Woh-

nungsausgaben. Hier kann die Familie nicht nach Be-
lieben sich ausdehnen und wieder einschränken; sie ist vielmehr auf den lokalen Wohnungsmarkt und die dort üblichen
Preise angewiesen. Wie wir in dem Kapitel über die Wohnungsverhältnisse festgestellt haben, beläuft sich der Durchschnitts-
preis einer Arbeiterwohnung von 2—3 Zimmern in Elberfeld-
Barmen auf ca. 200—250 Mk. im Jahr. Innerhalb dieser
Grenze liegen auch die Wohnungen der Familien C und D, die
einen Mietpreis von 216 resp. 210 Mk. bezahlen. In der Familie D
verzehren die Ausgaben für Wohnung allein 15 Prozent der
Gesamteinnahme, das Budget C weist den für die betreffende
Einnahmeklasse ziemlich normalen Prozentsatz von 11,68 Prozent auf. Auffallend sind die billigen Wohnungspreisangaben
in den Budgets der Familien A und B. Diese sind darauf
zurückzuführen, dafs die betreffenden Familien in den städtischen
Arbeiterhäusern wohnen, wo die Mietpreise sehr viel niedriger
sind als in den privatwirtschaftlichen Zwecken dienenden
Mietshäusern. Dafs die aus vier Zimmern bestehende Wohnung
der Familie B verhältnismäfsig noch billiger erscheint, als die
zweizimmerige der Familie A, beruht darauf, dafs das Haus,
in dem sie liegt, im ganzen leichter und einfacher gebaut ist,
als das von Familie A bewohnte. Die Wohnungen in den
städtischen Arbeiterhäusern sind der aufsergewöhnlich niedrigen
Mietpreise halber sehr begehrt, aber nur in so beschränkter
Zahl vorhanden, dafs nur ein geringer Bruchteil der Arbeiterbevölkerung daraus Nutzen ziehen kann. Andrerseits erhellt,
welch grofsen Nutzen eine weitere Ausdehnung der städtischen
Bautätigkeit stiften würde.

Die Ausgaben für Heizung und Beleuchtung richten
sich nach der Zahl der Zimmer und erreichen in den Budgets A, C und D die für grofsstädtische Verhältnisse ziemlich
normale Höhe der ungefähren Hälfte des Wohnungspreises.
Dafs sie im Budget B der Wohnungsausgabe beinahe gleich-
kommen, kann als eine Ausnahme bezeichnet werden, die in
dem niedrigen Preise für die unverhältnismäfsig grofse Wohnung
begründet ist.

Es erübrigt noch, die unter Rubrik „Sonstiges" zu-
sammengefafsten Ausgaben zu besprechen, welche die gelegent-
lichen Ergänzungen und Reparaturen des Haus- und Küchen-
gerätes, Erziehung und Unterricht der Kinder, Arzt- und Apo-
thekerrechnung, Versicherungs- und Kassenbeiträge, ferner
Steuern sowie alle geistigen und Luxusbedürfnisse decken müssen.
In den meisten Fällen ist der den Arbeitern für diese sogenannten
„Kulturbedürfnisse" noch verbleibende Rest ihrer Einnahmen
nach Abzug der Ausgaben für die materiellen Bedürfnisse so
gering, dafs es kaum möglich ist, die Ausgabeposten einzeln
anzuführen. So begnügten sich die Familien A, B und C mit
der Angabe des Gesamtbetrages der frei verfügbaren Aus-

gaben. Er belief sich in der genannten Reihenfolge auf 6,84,
5,07 und 2,27 Prozent. Nur das sehr sorgfältig ausgeführte
Budget D weist eine gesonderte Rubrizierung auf. Wir finden
hier für Erziehung 1,79 Prozent der Ausgaben, für Kassenbeiträge und Steuern 3,57 Prozent verzeichnet. Die Gesamt-
ausgaben für Kulturbedürfnisse betragen also 5,36 Prozent.
Es ist dies ein sehr hoher Prozentsatz, wenn man in Betracht
zieht, daſs selbst bei den höchsten Arbeitereinkommen die Ausgaben für diese Bedürfnisse sich in der Regel auf nicht mehr
als 8 Prozent belaufen und der öffentliche Unterricht umsonst
erteilt wird.

Einen erheblichen Einfluſs auf das Auskommen mit dem
Erworbenen besitzt, neben der wirtschaftlichen Tüchtigkeit der
Hausfrau, die Regelmäſsigkeit, Sicherheit und Rechtzeitigkeit
der Verdiensteinnahme. So erzählt der Gewerbeinspektor[1],
daſs ein Arbeiter, welcher früher nicht im stande war, mit
einem durchschnittlichen Tageseinkommen von 3,30 Mk.
schuldenfrei zu werden und die Bedürfnisse seiner Familie
rechtzeitig zu befriedigen, — weil der Verdienst schwankte, der
Lohn nur vierzehntägig ausgezahlt und immer ein achttägiger
Lohn einbehalten wurde — jetzt, nachdem er Invalide geworden ist und seine Rente und einen Nebenverdienst viertel-
jährlich ausbezahlt erhält, sehr wohl mit dem geringeren Einkommen von 2,85 Mk. täglich auszukommen vermag. Er kann
jetzt zu Beginn des Vierteljahres über eine beträchtliche Summe
verfügen und seine häuslichen Ausgaben danach einrichten.
Die Hausfrau ist nicht mehr durch Schulden an einen Kram-
laden gebunden, sondern kauft in einem gröſseren Geschäft
den Gesamtbedarf an Nahrungsmitteln für einen Monat ein,
behält zurück, was für sonstige Bedürfnisse erforderlich ist,
und das Gesamtergebnis ist, daſs die Familie gedeiht.

Der Arbeiter in einer Modeindustrie ist aber gerade der
Unregelmäſsigkeit und Unsicherheit seines Einkommens in
noch höherem Maſse ausgesetzt als der Industriearbeiter im
allgemeinen. Die wirtschaftliche Verteilung seiner Einnahmen
auf die einzelnen Ausgabeposten wird ihm dadurch bedeutend
erschwert. Da er gezwungen ist, in kleinen Mengen ein-
zukaufen, verbraucht er mehr, als bei rationellerem Einkauf nötig wäre.

Sämtlichen vorstehenden Budgets liegen Preise zu Grunde,
wie sie beim Einkauf kleiner, den Tagesbedarf deckender
Mengen bezahlt zu werden pflegen. Auf diese Weise flieſsen
bedeutende Summen in die Taschen der Kleinhändler, welche
zur Deckung von Kulturbedürfnissen und dadurch zur Hebung
des Lebensniveaus der Arbeiterklasse dienen könnten. Merk-

---

[1] Siehe J. d. G. 1884 S. 167.

würdigerweise ist man der Errichtung von Konsumvereinen gröfseren Stils, die hier einigermafsen Abhilfe schaffen könnten, im Wuppertal niemals ernstlich näher getreten.

Dagegen findet die Beschaffung von Brot und anderen Lebensmitteln durch die Fabrikanten und Abgabe zum Selbstkostenpreis an die Arbeiter in Fabriken mit gröfserer Arbeiterzahl nicht selten statt.

Im Jahre 1890 haben 42 Firmen des Regierungsbezirks Düsseldorf für ihre Arbeiter z. B. rund 54 700 Zentner Kartoffeln und 59 Firmen 256 000 Zentner Kohlen angekauft und gegen Erstattung der Selbstkosten zur Verteilung gebracht. Da die hier in Betracht kommenden verhältnismäfsig hohen Beträge nur in seltenen Fällen den Arbeitern sofortige Barzahlung ermöglichen, so greift man meist zu einer ratenweisen Abzahlung auf die von den Fabrikanten gemachten Auslagen[1].

Alle solche Vorteile kommen aber gerade d e r Arbeiterklasse am wenigsten zu gute, die ihrer am nötigsten bedürfte. Sie treffen den sicher angestellten Arbeiter grofser, gut geleiteter Fabriken mit gleichmäfsigem Betriebe. Der hausindustrielle Arbeiter aber sowie der Arbeiter in Lohnfabriken und allen der Mode stark unterworfenen Industriezweigen, welche immer nur einen sehr kleinen Grundstamm von Arbeitern besitzen, die übrigen aber nach Bedarf annehmen und wieder entlassen, kann nur durch die Gründung zweckmäfsig eingerichteter Konsumvereine den Einkauf zu Engrospreisen erreichen.

Sechstes Kapitel.
Arbeiter- und Unternehmerorganisationen.

A. Arbeiterverbände.

Gegenden mit stark lokalisierten fabrikmäfsig betriebenen Industrien, wo das enge Zusammenleben einer grofsen, wirtschaftlich auf ziemlich gleicher Stufe stehenden Arbeiterschaft diese fast von selbst zu gemeinsamer Vertretung ihrer wirtschaftlichen Interessen treiben mufs, haben sich von jeher als der beste Boden für gewerkschaftliche Bestrebungen erwiesen. Auch Elberfeld und Barmen machen davon keine Ausnahme. Sie zeigen sogar, verglichen mit anderen textilindustriellen Bezirken, ein ungewöhnlich reges gewerkschaftliches Leben, denn zu den oben erwähnten Umständen gesellt sich noch ein anderer hinzu, der auf die Gestaltung der dortigen Gewerkschaftsbewegung grofsen Einflufs ausgeübt hat, die

---

[1] Siehe J. d. G. 1890 S. 279.

Macht der sozialdemokratischen Partei. Diese hat seit 1881
stetig zugenommen. Seit 1893 ist der Wahlkreis Elberfeld-
Barmen sozialdemokratisch vertreten, und bei der Reichstags-
wahl im Jahre 1898 war bereits weit über die Hälfte aller
abgegebenen Stimmen sozialdemokratisch. Es ist daher kein
Wunder, dafs unter den Wuppertaler Arbeiterorganisationen
die sozialdemokratischen Gewerkschaften die stärksten und
einflufsreichsten sind. Während im Jahre 1899 in Deutschland durchschnittlich 6,97 gewerkschaftlich Organisierte auf
100 Textilarbeiter entfielen, waren in Elberfeld und Barmen
im gleichen Jahre ca. 10 Prozent aller Textilarbeiter Mitglieder
der Filialen des Textilarbeiterverbandes. Die der Gewerkschaftskommission Elberfeld angeschlossenen Organisationen
zählten im Jahre 1899/1900 im ganzen 4562, im Jahre 1900/01
4150 Mitglieder. Der Jahresbericht der Gewerkschaftskommission
Barmen gab die Gesamtmitgliederzahl der 20 der Kommission
angehörigen Organisationen für das Jahr 1898/99 auf 2045,
für das Jahr 1899/1900 auf 4139 und für das Jahr 1900/01
auf 3929 an. Der Rückgang gegen das Vorjahr erklärt sich
daraus, dafs in der Aufstellung für 1899/1900 die Textilarbeiter
allein mit 2064 verzeichnet waren, während im Jahre 1900/01
nur noch 1690 in den Listen geführt wurden. Der Abgang
ist lediglich auf das Konto der Färbereiarbeiter zu setzen, die
sich zu Beginn eines Färberausstandes im Jahre 1900 der
Organisation anschlossen, später aber zum Teil wieder aus-
traten. Überhaupt klagt der Bericht darüber, dafs sich immer
noch der gröfste Teil der Arbeiter der Organisationen erst zu
Zeiten von Lohnkämpfen erinnert, um die Streikunterstützungen
einstreichen zu können. Sind die Lohnkämpfe entschieden,
ganz gleich, ob gewonnen oder verloren, so kehren sie der
Organisation wieder schnell den Rücken. „Es ist wohl nicht
zu viel behauptet," sagt der Berichterstatter, „dafs $^9/_{10}$ der
hiesigen männlichen Arbeiterschaft schon einmal auf diese Art
Mitglied einer gewerkschaftlichen Organisation war[1]."

Gewerkschaftlich geschult in dem Sinne, wie es z. B. die
englischen Textilarbeiter in Lancashire und Yorkshire sind,
kann man daher trotz der verhältnismäfsig hohen Prozentzahl
der Organisierten die Wuppertaler Arbeiterschaft noch nicht
nennen. Fast in jeder Nummer weist die sozialdemokratische
„Freie Presse" auf den Wert der Organisation hin, und
die Parteiführer bemühen sich immer wieder von neuem, in
Schrift und Wort die Arbeiterschaft auf die Segnungen der
Organisation aufmerksam zu machen. Solange aber noch ein
so grofser Teil von Kraft lediglich auf die Propaganda verwendet werden mufs, kann von einer Lohnbewegung mit Aussicht auf Erfolg kaum die Rede sein, besonders wenn eine

---

[1] Siehe „Freie Presse" vom 4. und 5. Juni 1901.

Arbeiterschaft einem so fest koalierten Unternehmertum gegen-
übersteht wie gerade im Wuppertal.

So haben denn auch die Lohnkämpfe der letzten Jahre,
trotz der grofsen Opfer, die sie erforderten — von der
Gewerkschaftskommission Barmen wurden z. B. allein für die
ausständigen Färbereiarbeiter 11 436,94 Mk. aufgebracht —,
niemals zu Gunsten der Arbeiter geendet. Man geht daher
jetzt ernstlich mit dem Gedanken um, mit dem bisherigen
Unterstützungsmodus bei Ausständen zu brechen und nur denjenigen Mitgliedern Streikunterstützung zu gewähren, die der
Organisation bereits vor Eintritt der Lohnbewegung angehörten.
Auf diese Weise hofft man, sich eine ständige und gewerkschaftlich ausgebildete Mitgliederschaft heranzuziehen und zu
verhindern, dafs auf das Fernbleiben von der Organisation
geradezu eine Prämie gesetzt wird, wie es der Fall sein mufs,
wenn alt und neu Organisierte bei Bemessung der Streikunterstützung ganz gleich gestellt werden.

Unter den nicht zum Zentralverband gehörigen lokalen
Vereinen sozialdemokratischer Richtung hat es in Elberfeld
nur der Allgemeine Bandwirkerverein zu einiger Bedeutung gebracht. Der Filiale des Textilarbeiterverbandes
hat er sich aus rein praktischen Gründen nicht angeschlossen,
da die Verhältnisse in der Bandwirkerei, die zum grofsen Teil
noch hausindustriell betrieben wird, ganz anders liegen als in
den fabrikmäfsig organisierten Zweigen der Textilindustrie.

Gewerkvereine Hirsch-Dunkerscher Richtung
haben im Wuppertal niemals Boden gefunden. Dagegen haben
sich trotz der kurzen Zeit ihres Bestehens die sogenannten
christlichen Gewerkschaften bereits zu ziemlicher
Blüte entfaltet. Der Niederrheinische Verband christlicher Textilarbeiter, welcher 44 Ortsgruppen umfafst,
zu denen auch Elberfeld und Barmen gehören, ist eine Schöpfung
der katholischen und evangelischen Fachvereine zu Krefeld.
Im April 1898 gegründet, zählte der Verband nach einjährigem
Bestehen 6400 und im April 1900 bereits 8500 Mitglieder, die
sich aus Handwebern, Arbeitern in mechanischen Webereien,
Stoff- und Samtwebern, Färbern und Appreteuren zusammen-
setzen[1]. Durch den Eintritt erklärt sich jedes Mitglied als
Anhänger einer positiv christlichen Weltanschauung und als
Gegner der sozialdemokratischen Grundsätze und Bestrebungen.

Seinen Satzungen zufolge bezweckt der christliche Verband, auf dem Boden der christlichen Sozialpolitik und der
gegenwärtigen Gesellschaftsordnung die sozialen und wirtschaftlichen Interessen der Mitglieder zu fördern.

---

[1] Siehe Korrespondenzblatt der Generalkommission der Gewerkschaften Deutschlands vom 20. August 1900 S. 2.

Als Mittel zur Erreichung dieses Zweckes dienen:

1. „Statistische Erhebungen über Lohn- und Arbeitsverhältnisse.
2. Verhandlungen mit den Arbeitgebern, Herbeiführung
   eines gerechten und angemessenen Lohnes, welcher auch
   zum standesgemäfsen Unterhalt einer normalen Familie
   hinreicht, sowie zur Beseitigung begründeter Beschwerden
   und Durchführung berechtigter Wünsche in allen Fabrik-
   und Arbeitsverhältnissen.
3. Eingaben und Petitionen an Arbeitgeber, Behörden, Re-
   gierungen und Parlamente.
4. Einrichtung von Unterstützungs- und anderen nützlichen
   Kassen.
5. Regelung des Arbeitsnachweises und Raterteilung in
   Fragen des Arbeitsverhältnisses.
6. Versammlungen mit belehrenden und bildenden Vorträgen
   und Beratungen, besonders über praktische Fach- und
   Arbeitsfragen und über die soziale Gesetzgebung.
7. Herausgabe eines Verbandorgans der ‚christlichen Textilarbeiter‘.“

Wie hieraus ersichtlich, herrschte bei Gründung der christlichen Gewerkschaften die Absicht vor, das Unterstützungs-
wesen und das gesellige Leben zu pflegen, Lohnkämpfe aber
möglichst zu vermeiden. Es ist daher begreiflich, dafs sie
sich unter den Arbeitgebern anfänglich einer weit gröfseren
Beliebtheit erfreuten als die sozialdemokratischen Gewerkschaften, die von jeher in erster Linie Kampforganisationen
waren. Ja, die Unternehmer gingen sogar so weit, sich selbst
an der Gründung von Ortsgruppen und an der Propaganda
für christliche Gewerkvereine zu beteiligen. Sie glaubten nämlich in der christlichen Gewerkschaftsbewegung den besten
Schutzwall gegen das weitere Umsichgreifen der sozialdemokratischen Organisationen gefunden zu haben, wie dies in
einem Bericht der Handelskammer zu Bocholt z. B. ganz un-
umwunden ausgesprochen wird.

   Indessen ist der Zweck, welchen die Förderer der christlichen Vereine erstrebten, nämlich die Schwächung der auf
dem Boden der Sozialdemokratie stehenden Gewerkschaften,
nicht erreicht worden. Wie die Verhandlungen des Kongresses
christlicher Gewerkschaften (am 3. Juni 1900) bereits bewiesen,
wurde es auch diesen Organisationen selber bald klar, dafs sie
ohne Lohnkämpfe auf die Länge nicht auskommen konnten, und
die Trennung zwischen ihnen und den sozialdemokratischen
Gewerkschaften beruht heute weit mehr auf dem Unterschied
zwischen den politischen und religiösen Anschauungen ihrer
Mitglieder, als auf der praktischen Ausgestaltung gewerkschaft-
licher Aufgaben. So sind sie denn auch nicht lange das Schofs-
kind des Unternehmertums geblieben.

B. Verbände der Lohnfabrikanten.

Ihrer industriellen Zwischenstellung entsprechend waren die Riemendreher seit 1890 bezw. 1893 in zwiefacher Weise, einerseits als Arbeitnehmer, andrerseits als Arbeitgeber organisiert. Der **Wuppertaler Riemendreherverband**[1], der im April 1890 mit 69 Mitgliedern gegründet wurde, aber 1897 wieder zusammenbrach, diente den Interessen der Riemendrehereibesitzer gegenüber den Fabrikanten, deren Aufträge sie im Lohn ausführen. Aufgabe des **Vereins der Riemendrehereibesitzer und Fabrikanten von Flechtartikeln in Barmen-Elberfeld und Umgegend** ist es, ihre Interessen gegenüber den bei ihnen im Lohn stehenden Arbeitern zu schützen.

Wie es bei einer Arbeitnehmerorganisation natürlich ist, richtete sich das Bestreben des Riemendreherverbandes in erster Linie darauf, das Herabdrücken der Lohnpreise zu verhindern. Die Mitgliedschaft stand jedem Riemendrehereibesitzer mit unbescholtenem Namen offen. Die Wirksamkeit des Verbandes lief nach **Kulemanns** Angaben auf ein kollektives Verhandeln hinaus, insofern als die Vereinbarungen mit den Fabrikanten, mit bindender Kraft für jedes Mitglied, seitens des Verbandes getroffen wurden. Bei seiner Gründung hatte der Verband sogar einen Zusammenschluß des gesamten Gewerbes durch den Grundsatz der Ausschließlichkeit zu erzwingen gesucht und seinen Mitgliedern — soweit es sich um Stapelartikel, besonders um glatte Litzen handelte — verboten, für Fabrikanten zu arbeiten, welche außerhalb des Verbandes stehende Riemendreher beschäftigten. Diese Bestimmung wurde jedoch in der Generalversammlung vom 3. März 1892 wieder aufgehoben.

Unter vielen Schwierigkeiten war es dem Verband schließlich gelungen, eine Minimallohnliste zu behaupten und damit allen Fabrikanten die gleiche Grundlage für die Preisstellung zu geben. Leider aber führte das Zusammentreffen verschiedener Umstände im Jahre 1897 zu seiner Auflösung. Mangelnde Nachfrage hatte in der Besatzartikelindustrie so allgemeine Beschäftigungslosigkeit zur Folge gehabt, daß ein weiteres Ankämpfen gegen die Preisdrückerei der Fabrikanten fruchtlos schien. Dazu kam, daß einzelne größere Riemendrehereibesitzer in Elberfeld, die dem Verbande nicht angehörten, durch billige Angebote die wenige vorhandene Arbeit an sich rissen. Der Zusammenbruch des Verbandes war damit

---

[1] Siehe **Kulemann**, Die Gewerkschaftsbewegung. Jena 1900. S. 564 und 565.

besiegelt. Inzwischen ist es allerdings gelungen, die Löhne
wiederum zu binden, doch hat der Verein in seiner ursprüng-
lichen Form aufgehört zu existieren.

Es ist für die obwaltenden Machtverhältnisse bezeichnend,
dafs sich die Vereinigung der Riemendrehereibesitzer als
Arbeitgeber von festerem Bestande erwiesen hat. Solcher
Verband wurde bereits im Jahre 1889 angestrebt, als die ersten
gröfseren Ausstände unter den Riemendrehereigesellen — die sich
aufser dem Namen nach übrigens in nichts von anderen Fabrik-
arbeitern unterscheiden — stattgefunden hatten. Erst im Früh-
jahr 1893 aber kam es nach einem abermaligen Streik zur
Gründung des Vereins. Den Satzungen zufolge besteht der
Zweck des Vereins in der „Verhütung und Bekämpfung von
Arbeiterausständen in den Betrieben der Mitglieder und deren
gegenseitige Unterstützung während der Dauer solcher Ausstände". Jedes Mitglied hat beim Eintritt 12 Mk. für jeden
von ihm unterhaltenen Riementisch einzuzahlen; sinkt der
Fonds unter diesen Betrag, so ist er wieder zu ergänzen.
Jeder in einem der angemeldeten Riemendrehereibetriebe aus-
brechende Streik ist sofort dem Vorstande anzuzeigen; nach
Vorstandsbeschlufs über den vorliegenden Fall erhält das betreffende Mitglied dann nach Ablauf einer Wartezeit von einer
Woche für jeden Tisch bezw. Arbeitstag 2 Mk. wöchentliche
Entschädigung. Über die Bewilligung oder Verweigerung der
Entschädigung durch den Vorstand sind in den Satzungen
bestimmte Angaben nicht enthalten. „Dauert der Streik bei
einem der Mitglieder länger als fünf Wochen, so mufs die
allgemeine Betriebssperre bei allen Mitgliedern ohne
vorherigen Generalversammlungsbeschlufs eintreten, es sei denn,
dafs die vom Streik Betroffenen auf die Verhängung der Sperre
verzichten. Die Sperre kann aber auch durch Beschlufs der
aufserordentlichen Generalversammlung verhängt werden und
mufs dann binnen 14 Tagen eintreten."

„Während der Betriebssperre müssen die Riementische
sämtlicher Mitglieder, soweit sie nicht von letzteren selbst bedient werden können, stillgesetzt werden. Meister dürfen beschäftigt werden. Allen übrigen Arbeitern und Arbeiterinnen
dagegen ist während der Dauer der Sperre der Zutritt zur
Fabrik zu untersagen." Jedes Mitglied verpflichtet sich zur
Durchführung der Beschlüsse und hinterlegt zur Sicherung
eine Vertragsstrafe von 1000 Mk. in Wechseln für jeden Tisch.

Der Vorstand des Vereins setzt sich zusammen aus drei
Fabrikanten (d. h. Vertretern der Auftraggeber der Riemendrehereibesitzer) und drei Riemendrehereibesitzern. Als siebentes
unparteiisches Mitglied gehört der Barmener Handelskammer-
sekretär dem Vorstande an.

Wie man sieht, stellen sich die Riemendrehermeister trotz

der schlechten Erfahrungen, die sie als Arbeitnehmer am
eigenen Leibe nur allzu oft gemacht haben, in ihrem Verhältnis zu den Gesellen auf den schroffsten Unternehmerstandpunkt. Es ist dies eine psychologische Erscheinung, die, so
häufig man ihr auch begegnen mag, immer von neuem wieder
in Erstaunen setzt.

Trotz der außerordentlich scharfen Maßregeln ist es dem
„Verein der Riemendrehereibesitzer und Fabrikanten von
Flechtartikeln" aber nicht gelungen, sämtliche ihm angehörige
Betriebe gegen Streiks zu schützen.

Im Jahre 1893 erreichte er allerdings durch bloße Androhung einer Sperre eine schnelle Beendigung des Ausstandes.
Weit ernster aber gestaltete sich die Sachlage im Jahre 1899,
als die Riemendrehergesellen, deren Forderung der Einführung
des zehnstündigen Arbeitstages nicht bewilligt worden war, in
einem der größten zum Verein gehörigen Betriebe in den Ausstand traten. Dies hatte natürlich die Androhung der so be-
währten Sperrmaßregel zur Folge, und nur dem Eingreifen
der Barmener Handelskammer war es zu danken, daß die
Sperre verhindert wurde. Die Kammer trat mit beiden Parteien in mündliche Unterhandlung und prüfte vor allem die wichtige Frage, ob und inwieweit vom Standpunkt der Lohnriemen-
dreher (im Gegensatz zu den Fabrikanten) die Möglichkeit
vorhanden sei, der Forderung der Arbeiter nachzugeben. In
ihrem nach eingehenden mehrtägigen Verhandlungen abgegebenen Beschluß erklärte die Handelskammer die Einführung des zehnstündigen Arbeitstages für eine Maßregel von
so einschneidender Bedeutung für die gesamte Barmener Industrie, daß sie erst nach gemeinsamer Beratung mit allen
Interessenten innerhalb der nächsten drei Monate zu ihr
Stellung nehmen könne. Sie sprach gleichzeitig die Erwartung
aus, daß die ausständigen Riemendrehereigesellen den Verlauf
der Verhandlungen abwarten und nicht durch Verharren im
Ausstande unabsehbare verhängnisvolle Folgen für die Industrie
Barmens herbeiführen würden[1]. So gelang es dem diplomatischen
Verhalten der Kammer, nicht nur die Gesellen zur Wiederaufnahme der Arbeit, sondern auch den Verband dazu zu bewegen, die Forderungen der Arbeiter zu erfüllen. Der Verein
erklärte sich schließlich bereit, mit dem 1. September 1899
den zehnstündigen Arbeitstag anzunehmen. So wurde eine
Frage in glücklicher Weise zum Austrage gebracht, welche
schon seit einem Jahrzehnt zu beständigen Reibereien zwischen
den Arbeitgebern und den Gesellen des Riemendrehereigewerbes
Anlaß gegeben hatte.

---

[1] Siehe B.H.B. 1899 S. 12 und 13.

C. Unternehmerverbände.

Der „Verband von Arbeitgebern im bergischen Industriebezirk" trat im Jahre 1900 mit 150 Mitgliedern ins Leben und hatte im Mai 1901 bereits eine Mitgliederzahl von 416 Unternehmern mit im ganzen 47 942 Arbeitern, die sich auf das ganze bergische Land und die verschiedensten Industriezweige verteilen. Die Textilindustrie nimmt unter diesen die wichtigste Stelle ein.

Seinen Satzungen gemäfs stellt sich der Verband in erster Linie als eine Versicherungsgesellschaft gegen alle durch Streiks hervorgerufenen pekuniären Ausfälle dar. Der Jahresbeitrag beträgt 1 pro Mille der für das verflossene Jahr bei der Berufsgenossenschaft angemeldeten Summe der Löhne und Gehälter. Sobald in einem der angeschlossenen Betriebe Arbeitseinstellungen oder andere ernstere Schwierigkeiten mit den Arbeitern eintreten, ist der Arbeitgeber verpflichtet, dem Vorstand davon Anzeige zu erstatten. Erst nach Prüfung der vorliegenden Verhältnisse durch einen dazu bestimmten Ausschufs wird der Schutz des Verbandes gewährt. Dieser äufsert sich neben der pekuniären Unterstützung hauptsächlich darin, dafs die Verbandsmitglieder während der Dauer des Ausstandes und drei Monate nach seiner Beendigung ohne Genehmigung des Vorstandes keine Arbeiter des betreffenden Arbeitgebers einstellen. Die Unternehmer werden auf diese Weise in den Stand gesetzt, einen Ausstand weit längere Zeit auszuhalten, als es der einzelne ungeschützte Arbeitgeber vermöchte. Es ist ihnen mithin durch die Koalition eine sehr wirksame Waffe gegen die Arbeiter in die Hände gegeben, von der sie seit dem Bestehen des Verbandes mit so viel Erfolg Gebrauch gemacht haben, dafs die Arbeiter bisher bei allen Kämpfen, bei denen der Unternehmerverband eingriff, unterlegen sind.

Die Vorteile, die feste Koalitionen sowohl der Unternehmer- als der Arbeiterschaft in vieler Beziehung aber für beide Teile haben, zeigten sich zum erstenmal bei Gelegenheit des grofsen Färberstreiks im Jahre 1900. Die Wortführer des Arbeitgeberverbandes erkannten bei dieser Gelegenheit die Berechtigung von Arbeiterorganisationen an und erklärten, am liebsten mit den Vertretern der Gewerkschaften verhandeln zu wollen. Dagegen sprach sich der Verband in seinem Jahresbericht für das Vereinsjahr 1900/01 für eine grundsätzliche Ablehnung jeder Vermittelung von dritter Seite aus, da es bei derartigen Verhandlungen regelmäfsig der Unternehmer sei, der benachteiligt werde. Besonders abfällig wird das Eingreifen der Barmener Handelskammer bei dem Färberausstand beurteilt. Mit der Begründung, dafs aufsenstehende Personen die Sachlage überhaupt nicht überschauen könnten, wendet er sich ferner gegen den Gesetzentwurf, der das Gewerbegericht mit den Funktionen eines Einigungsamts obligatorisch betrauen wollte. „Dem Unternehmer müsse das Bestimmungsrecht bezüglich seines Betriebes uneingeschränkt gewahrt werden [1]."

Hatten wir es bisher ausschliefslich mit Unternehmervereinigungen zum Zwecke gemeinsamer Regelung der Produktion zu tun, so erblicken wir in der „Allgemeinen deutschen Zanellakonvention", zu der sich die vorwiegend in Elberfeld und Barmen ansässigen Zanellafabrikanten gegen Mitte der neunziger Jahre zusammenschlossen, eine Organisation zu gemeinsamer Regelung des Absatzes. Zweck der Ringbildung war: Hebung der Preise und Regelung der Zahlungsweise. Da es dem Ring gelang, nicht nur alle bedeutenden Zanellafabriken, sondern auch sämtliche in Betracht kommende Färbereien in sich zu vereinigen, so errang der Industriezweig bald eine Monopolstellung, die eine Umgehung der Konvention durch ihre Hauptkundschaft, die deutschen Grofskonfektionäre, fast unmöglich machte. Auch gewöhnte sich die deutsche Kundschaft bald daran, für jeden überfälligen Tag Zinsen zu vergüten, allerdings auch für frühere Zahlung sich in Zinsgenufs zu setzen. Die Preise selbst wurden in der Weise geregelt, dafs auf die für alle Fabrikanten gleichlautende Preisliste den Grossisten der in Betracht kommenden Artikel sowie den Kleiderfabrikanten ein Skontosatz von 15 Prozent bewilligt wurde, der sich für Detailhändler auf 12 bezw. 8 Prozent ermäfsigte. Da nun jeder, der in seinem Geschäft fertige Anzüge führt und davon auch nur einen geringen Teil selber anfertigt, für einen Kleiderfabrikanten mit Detailhandel gilt und bei der Konvention 12 Prozent Skonto geniefst, so wurde dadurch der Zwischenhandel naturgemäfs stark beeinträchtigt. Vor allem aber war es das Verhältnis der Konvention zum Auslande, worüber in den Kreisen der deutschen Konfektionäre bittere und berechtigte Klage geführt wurde. Ein Beispiel möge genügen. Es kostet in Deutschland eine bestimmte Qualität Zanella 1,69 Mk., mit 15 Prozent Skonto = 1,44 Mk. Die gleiche Qualität wird in der Schweiz mit 1,14 Mk. verkauft. Das ist eine Differenz von 20 Prozent. Auf diese Weise wurde dem deutschen Grofskonfektionär die Ausfuhr nach der Schweiz sehr erschwert, und es war begreiflich, dafs in deutschen Konfektionskreisen das Bestreben rege wurde, sich von dem ihnen auferlegten Joche frei zu machen. Die süddeutschen Konfektionäre schlossen sich im Jahre 1900 zu einem Verband zusammen, dessen Hauptzweck es ist, die Konvention zu umgehen und wenn möglich die Gründung eigner Fabriken in die Hand zu nehmen [2].

Seit Anfang des Jahres 1902 sind auch die norddeutschen Konfektionäre unter Führung einer Stettiner Firma in den

---

[1] Siehe „Freie Presse" vom 23. Mai 1901.
[2] Siehe Frankfurter Zeitung vom 12. März 1901.

Kampf gegen das Kartell eingetreten. In einem von zehn
Interessentenvertretern unterzeichneten Schreiben an den Vorstand richteten sie zunächst das Ersuchen an die Konvention,
sie möge die deutschen Abnehmer durch entsprechende Um-
gestaltung der Konventionsbestimmungen in stand setzen,
Zanella fortan zu den gleichen Preisen zu kaufen wie das
Ausland. Die Zanellakonvention lehnte dies indessen unter
der Begründung ab, daſs das Geschäft heute schon einen sehr
geringen Nutzen abwerfe. Um jedoch den Wünschen der
Groſskonfektionäre wenigstens einigermaſsen Rechnung zu
tragen, versuchte man, die Konvention auch für den Verkauf
nach dem Ausland wirksam zu machen. Doch wurde unter
den Zanellafabrikanten in dieser Beziehung keine Einigung
erzielt und es blieb vorläufig alles beim alten.

Ob die Zanellakonvention im stande sein wird, ihre
Monopolstellung zu behaupten, oder ob die vereinigte Groſs-
konfektion sich als ein Gegner erweisen wird, der stark genug
ist, um sie endgültig daraus zu verdrängen, ist heute noch
nicht abzusehen.

Jedenfalls bietet schon ihre bisherige Entwickelung einen
interessanten Beitrag zur Geschichte der Kartelle.

Siebentes Kapitel.
Arbeiterwohlfahrtseinrichtungen.

Die von den Arbeitgebern, von gemeinnützigen Vereinen
oder von der Kommunalverwaltung ausgehende Fürsorge für
das leibliche, geistige und sittliche Wohl der Arbeiterschaft
pflegt man — so vielgestaltig sie auch auftreten mag — unter
dem Sammelbegriff „Wohlfahrtseinrichtungen" zusammen-
zufassen. Da es ihre Aufgabe ist, überall dort ergänzend oder
ersetzend einzuspringen, wo die Gesetzgebung und die auf
Selbsthilfe der Arbeiter beruhenden Einrichtungen Lücken
gelassen haben, so ist ihre Beschaffenheit, Zweckmäſsigkeit
und Ausdehnung, nicht zum mindesten aber auch die Geistes-
richtung, aus der sie hervorgehen, nicht ohne Einfluſs auf
die Lage derjenigen Arbeiterklasse, der sie in erster Linie
dienen sollen. Es scheint daher geboten, bei einer Untersuchung der Lage des Arbeiterstandes einer bestimmten Gegend
auch die dort vorhandenen Wohlfahrtseinrichtungen in den
Rahmen der Betrachtung hineinzuziehen.

Je nach dem Subjekt, von dem derartige Einrichtungen
ausgehen, lassen sie sich in drei Gruppen einteilen: die Fürsorge der Arbeitgeber, die Fürsorge gemeinnütziger Vereine
oder privater Philanthropen und diejenige der Gemeinden
über die ihnen vom Gesetz auferlegten Pflichten hinaus.

A. Fürsorge der Arbeitgeber.

Unter den Wohlfahrtseinrichtungen, welche der Initiative der Arbeitgeber ihre Entstehung verdanken, sind in erster Reihe solche, die dem Interesse beider beteiligten Parteien in gleicher Weise dienen, zu nennen. Hierher gehören vor allem die Einrichtungen der Gewinnbeteiligung und der Arbeiterausschüsse.

Über das Vorkommen der Gewinnbeteiligung im Industriebezirk Elberfeld-Barmen habe ich keinerlei Aufschlüsse erlangen können. Ohne deshalb auf das Nichtvorhandensein dieser Form schließen zu wollen, halte ich doch die Annahme für berechtigt, daß sie zu den Seltenheiten gehört.

Anders steht es mit den „Arbeiterausschüssen", wie die Vertretungen der Arbeiterschaft einer Unternehmung genannt werden. Allerdings beschränken sich ihre Befugnisse im großen und ganzen lediglich auf die Festsetzung und Handhabung der Fabrikordnung.

In einer mir vorliegenden Arbeitsordnung (einer Elberfelder Seidendruckerei und ·Färberei), die für den seit der G.O.-Novelle von 1891 bestehenden Zustand als typisch gelten kann, findet sich folgender Paragraph:

„Zur Beratung zwischen mir und meinen Arbeitern über Festsetzung der Arbeitsordnung, Ergänzungen oder Abänderungen besteht ein aus der Mitte der Arbeiter und von diesen gewählter Ausschuß, welcher sich aus sieben Personen zusammensetzt."

In der mechanischen Weberei von D. Peters & Co. in Neviges bei Elberfeld gibt es eine solche Arbeitervertretung unter dem Namen „Ältestenrat" bereits seit 1861[1]. Ursprünglich für die damals gegründete Sparkasse gebildet, wurde der Rat später zu allen Entscheidungen gezogen, welche die Rechte oder Interessen der Arbeiter berührte. Jedoch werden die Mitglieder hier nur aus der Mitte derjenigen Arbeiter gewählt, die mindestens 30 Jahre alt sind und über 10 Jahre in einem Betriebe der Fabrik gearbeitet haben, und zwar wiederum nur zur Hälfte von der sogenannten Generalversammlung, welche aus Vertretern der Krankenkassenmitglieder besteht. Die andere Hälfte wird vom Fabrikherrn ernannt[2] — ein Ausfluß des in der genannten Fabrik herrschenden patriarchalischen Geistes.

Die alteingesessenen Elberfelder und Barmener Firmen zeigen sich einer wirklich lebendigen Tätigkeit von Arbeiterausschüssen bis jetzt im großen und ganzen wenig geneigt.

---

[1] Nach den Angaben Prof. Serings ist dies der erste Arbeiterausschuß, welcher in Deutschland gebildet wurde.

[2] Siehe Post und Albrecht, Musterstätten, Bd. II Teil I S. 4.

Es steht heute nicht anders, als es der Gewerbeinspektor des Bezirks im Jahre 1890 schildert: „Selbst da, wo die Verhältnisse von Arbeitgebern und Arbeitern gut sind, fürchtet man vielfach von der Einschiebung einer Vermittelungsinstanz störende Einflüsse und vergifst dabei, dafs auch das beste Einvernehmen eine Trübung erfahren kann, dafs eine in friedlichen Zeiten geschaffene und bewährte Arbeitervertretung das beste Mittel bietet, um entstehende Zerwürfnisse rechtzeitig zu erkennen und zu beseitigen, und dafs sich oft einmal Versäumtes mit allem guten Willen und mit aller aufgewandten Mühe später nicht nachholen läfst[1]."

Nach meinen persönlichen Beobachtungen scheint es mir, als könne man als geradezu typisch für das Wuppertal solche Wohlfahrtseinrichtungen bezeichnen, die aus dem an sich durchaus verständlichen Bedürfnis hervorgegangen sind, die tüchtigen Arbeiter mit möglichst vielen Banden an die Fabrik zu fesseln. Sie sind „Wohlfahrtseinrichtungen" also eigentlich ebenso sehr im Sinne der Fabrikanten als in dem der Arbeiter, und man kann oft zweifelhaft sein, ob die Wohltaten, welche diese empfangen, durch das verstärkte Abhängigkeitsverhältnis, in das sie dadurch geraten, nicht aufgewogen werden. Es soll indessen nicht geleugnet werden, dafs das Bestreben, den Arbeitern hilfreich zur Seite zu stehen, vielfach auch lediglich der Ausflufs einer religiösen oder menschenfreundlichen Sinnesrichtung der Arbeitgeber ist.

Es ist kaum möglich, in dortiger Gegend gesprächsweise das Thema „Wohlfahrtseinrichtungen" zu berühren, ohne auf die „mustergültigen" Einrichtungen der bereits mehrfach erwähnten Firma David Peters & Co. in Neviges aufmerksam gemacht zu werden.

Die Arbeiterkolonie und der „Ältestenrat" sind bereits erwähnt worden. Zu nennen ist ferner die zur Feier des 50jährigen Jubiläums der Firma gemachte Stiftung des Arbeitervereinshauses „Wohlfahrt"[2]. Dieses dient den verschiedensten Zwecken. Die kleinen Kinder der Angestellten und Arbeiter finden in einem Kindergarten Beaufsichtigung und Anregung, die heranwachsenden Knaben Unterricht in Handfertigkeit und anderen nützlichen Dingen. Die jungen Mädchen erhalten Anleitung in weiblichen Handarbeiten und der Wirtschaftsführung. Den Erwachsenen wird Gelegenheit zur geistigen Fortbildung, Lektüre, Musik und geselliger Vereinigung geboten. Grundstück, Haus, Einrichtung und Leitung wurde von der Firma ohne irgendwelche Gegenleistung den Arbeitern zur Verfügung gestellt. Neben den Räumen für den Unterricht ent-

---

[1] Siehe J. d. G. 1890 S. 17.
[2] Siehe J. d. G. 1883 S. 231/32 und Post und Albrecht, Musterstätten, Bd. 1 S. 153, Bd. 2 S. 698/99.

hält das Haus einen 100 qm grofsen Saal, Lesezimmer, Bibliothek und Orchester. An die Ostseite des Hauses schliefst sich
die 400 qm grofse, mit Sitzplätzen ausgestattete Terrasse,
welche mit einem Leinentuch zu überspannen und zu einem
Zelte umzuwandeln ist, in dem sich sämtliche Arbeiter der
Fabrik bei Festlichkeiten vereinigen können. Hieran schliefst
sich eine zweite grofse, mit Kastanienbäumen bepflanzte Terrasse, unter denen die Kinder bei gutem Wetter unter Leitung
der Kindergärtnerin Rundspiele aufführen. Die ganze Anlage
ist von einem Park umgeben, in dessen östlichem Teil sich
der Schulgarten für Kinder befindet. Wie es in der den Festgästen gewidmeten Broschüre heifst, soll hier „jedes den Kindergarten besuchende Kind sein Blumengärtchen erhalten, um
dasselbe zu bepflanzen, zu begiefsen und zu pflegen und die
Pflicht auch später beim Besuchen der Volksschule fortsetzen:
Das eigene Pflanzen soll das beste Mittel bilden gegen den
sonst erwachenden Zerstörungstrieb".

Unter den weiteren Wohlfahrtseinrichtungen der Fabrik
ist eine Sparkasse anzuführen, welche die pupillarisch sicher
angelegten Einlagen, die für jeden verheirateten Arbeiter
mindestens 5 Prozent, für jeden ledigen mindestens 10 Prozent
seines Lohnes betragen müssen, zu 6 Prozent verzinst; endlich sei noch eine Badeanstalt erwähnt, die sechs Wannenbäder und Douchen zu unentgeltlicher Benutzung stellt.

Die Einrichtung von Fabriksparkassen, und zwar von
obligatorischen, erfreut sich im Wuppertal seitens der Unternehmer überhaupt ziemlicher Beliebtheit. Meininghaus erwähnt in seiner Arbeit über die sozialen Aufgaben industrieller
Arbeitgeber[1] mehrere Barmener Fabriken, die einen Minimalwochenbeitrag von 20 Pfg. erheben. Andere beschränken den
Kassenzwang auf jugendliche Arbeiter. Der Gewerbeinspektor
will den günstigen Einflufs einer solchen Einrichtung auf das
sittliche Verhalten besonders der jungen Arbeiterinnen bemerkt haben. „Diejenigen, welche hohe Spareinlagen haben,"
schreibt er, „machen die besten Heiraten. Das spornt auch
die anderen zum Sparen an und macht, dafs sie sich nicht
jedem Liebhaber hingeben und so sittlich intakt bleiben."

Auch Unfalls- und Altersversicherungskassen bestanden
vor dem Inkrafttreten der Arbeiterversicherungsgesetzgebung
in verschiedenen Fabriken. Ein Beispiel dafür nennt der
Gewerbeinspektionsbericht für das Jahr 1880[2]. Der betreffende
ungenannte Arbeitgeber[3] übernahm die Versicherung seiner
Leute gegen Unfälle auf eigene Rechnung und behandelte die
Entschädigungsgelder, soweit sie der Unfall nicht aufzehrte,

---

[1] Siehe August Meininghaus, Die sozialen Aufgaben der
industriellen Arbeitgeber. Tübingen 1889.
[2] Siehe J. d. G. 1880 S. 200/01.
[3] Vermutlich D. Peters.

als Ersparnisse der Verletzten oder deren Hinterbliebenen.
Denjenigen Teil des Akkordlohnes, welcher über den normalen
Tagesverdienst hinaus ging, zahlte er den Arbeitern nicht aus,
sondern legte ihn in Gemeinschaft mit den von den Leuten
freiwillig ersparten Summen in seiner Arbeitersparkasse an.
Das Ersparte zahlte er nur aus, wenn er sich von der Not-
wendig.. ..t der Ausgaben überzeugt hatte oder wenn das
Arbeitsverhältnis ganz aufhörte.

Eine Altersversorgungskasse sowie eine Pensionskasse für
Witwen und Waisen solcher Arbeiter, die ununterbrochen
10 Jahre in der Fabrik tätig gewesen sind, besitzt die Firma
Herminghaus & Co. in Elberfeld[1]. Die Kasse verfügt über ein
Kapital von über 100 000 Mk. und kann ihren gegenwärtigen
Rentnern Unterstützungen von 360—500 Mk. jährlich gewähren.

Allmählich scheint sich auch in den Wuppertaler Fabrikantenkreisen Verständnis dafür anzubahnen, daſs Wohlfahrtseinrichtungen als solche bei den Arbeitern nur dann An-
erkennung finden, wenn sie ihnen nicht als Geschenk geboten
werden, sondern eine gewisse Gegenleistung gefordert und
vor allem ihnen eine gewisse Beteiligung an Einrichtung
und Leitung übertragen wird. In vielen Fällen hat man die
Wohlfahrtseinrichtungen der Unternehmer in der Arbeiter-
presse schlechthin als im Interesse der Fabrikanten getroffen
oder gar als Polizeizwecken dienend bezeichnet. Mit solchen
Übertreibungen werden auch die arbeiterfreundlichsten Fabrik-
herren noch auf lange Zeit hinaus zu rechnen haben. Um so
mehr ist es anzuerkennen, wenn sie auf dem beschrittenen
Wege ruhig weiter gehen.

B. Fürsorge gemeinnütziger Vereine.

Wichtiger als die von einzelnen Arbeitgebern ausgehenden
Wohlfahrtsbestrebungen ist die weitere Kreise erfassende Tätigkeit gemeinnütziger Vereine. Unter diesen steht an erster
Stelle der Bergische Verein für Gemeinwohl, der seit seiner
Gründung am 17. November 1885 schon ein tüchtiges Stück
Arbeit geleistet hat. Zu seinen Mitbegründern zählten die
bekannten groſsen Textilindustriellen Abraham Frowein (Elberfeld) und David Peters (Neviges), ferner der ehemalige Handels-
minister Freiherr v. Berlepsch, der damals Regierungspräsident
in Düsseldorf war, und andere sozial interessierte Fabrikanten
und Beamte.

Zweck des Vereins ist, auf dem Boden der bestehenden
Staats- und Gesellschaftsordnung:
1. „das Wohl der arbeitenden Klassen in wirtschaftlicher,
   sittlicher und religiöser Richtung zu fördern;

---

[1] J. d. G. 1889 S. 327.

2. für ein gutes Verhältnis zwischen Arbeitgebern und Arbeitnehmern zu wirken;

3. alle ein solches Verhältnis störenden und den Frieden gefährdenden Bestrebungen zu bekämpfen."

Zur Erreichung dieses Ziels hat sich der Verein zur Aufgabe gestellt, dahin zu wirken, dafs „die Arbeitgeber ihre Pflichten gegen die Arbeiter in gerechter und humaner Weise erfüllen, die Arbeiter aber eben so sehr sich ihrer Pflichten gegen die Arbeitgeber, die eigene Familie, Gemeinde und Staat bewufst bleiben".

Seinen Statuten gemäfs richtet er seine Tätigkeit insbesondere auf:

a) „Verbesserung der Wohnungsverhältnisse und Einrichtungen zur Pflege und Sicherung der Gesundheit der Arbeiter.

b) Schutz des Familienlebens durch Beschränkung der Sonntagsarbeit, der Nachtarbeit, sowie der Frauen- und Kinderarbeit, soweit solche sittliche und wirtschaftliche Gefahren in sich bergen.

c) Sorge für weitere Ausbildung der Arbeiter (schriftliche Lehrverträge, Fortbildungs- und Fachschulen, Einrichtung zur Erlernung der Haushaltung und weiblicher Handarbeiten, Frauenvereine, Volksbibliotheken).

d) Förderung des Sparsinns, der Kranken-, Sterbe-, Invaliden- und Witwenkassen und aller auf eigener Mitwirkung der Arbeiter beruhenden Wohlfahrtseinrichtungen.

e) Bekämpfung der Trunksucht und Pflege edler, geselliger Vergnügungen.

f) Unterstützung und Förderung schon vorhandener oder neu hervortretender Bestrebungen zur Hebung der Sittlichkeit, der Religiosität und der Vaterlandsliebe.

g) Anbahnung von gewerblichen Schiedsgerichten und Vereinbarungen zwischen Arbeitgebern und Arbeitern über die Regelung des Arbeitsverhältnisses.

h) Bekämpfung aller auf den Umsturz der bestehenden Staats- und Gesellschaftsordnung gerichteten Bestrebungen durch Wort und Schrift."

Die Gründung des Vereins ist zurückzuführen auf die kaiserliche Botschaft vom 17. November 1881, in welcher ausgesprochen wurde, „dafs die Heilung der sozialen Schäden nicht ausschliefslich im Wege der Repression sozialdemokratischer Ausschreitungen, sondern auf dem der positiven Förderung des Wohls der Arbeiter zu suchen sei". Den Anschauungen seiner Gründer entsprechend steht der Verband selbstverständlich auf einem Unternehmerstandpunkt. Doch beweist der Passus der Statuten, der sich auf die eigene Mitwirkung der Arbeiter bezieht, dafs die sozialpolitische Ära, in welche das Deutsche Reich anfangs der achtziger Jahre

eingetreten war, bereits einen wohltätigen Einfluſs auszuüben
begann.

Besonders ausgezeichnet hat sich der Verein bisher durch
seine Fürsorge für Genesende. Die Ortsgruppe Elberfeld er-
richtete 1893 mit Unterstützung der Stadt ein Genesungshaus
für rekonvaleszente Arbeiter, dessen Verwaltung die Stadt
übernahm. Doch trotz billiger Preise (1,50 Mk. täglich) und
guter Verpflegung wurde die Einrichtung nur äuſserst spär-
lich benutzt, vermutlich wegen des Miſstrauens, denen alle von
Arbeitgeberkreisen unterstützten Unternehmungen bei den fast
durchweg sozialdemokratischen und stark unter dem Einfluſs
der Parteiführer stehenden Arbeitern des Bezirks begegnen.
Schlieſslich sah sich die Stadt gezwungen, dem Hause eine
andere Verwendung zu geben. In Barmen scheiterte der von
der dortigen Ortsgruppe geplante Bau eines Genesungsheims
an dem Widerspruch der Stadtverordnetenversammlung. Dagegen sind mit der Aussendung genesender und lungenkranker
Arbeiter nach Badeorten und anderen Heilstätten wirkliche
Erfolge erzielt worden. Der Verein besitzt z. T. eigene Heil-
anstalten, z. T. verfügt er über Familienpflege in Lippspringe,
Ronsdorf und Honnef für Lungenleidende, in Königsborn,
Godesberg und Neuenahr für Bleichsüchtige, Nervenleidende,
Skrophulöse und andere Kranke.

Im Jahre 1899 befanden sich unter den von der Ortsgruppe Barmen ausgesandten 135 männlichen und 162 weiblichen Personen allein 91 Fabrikarbeiter und 88 Arbeiterinnen,
die übrigen Pfleglinge gehörten dem kleineren Handwerker-
und dem dienenden Stande an. Von den im gleichen Jahr
von der Ortsgruppe Elberfeld erledigten 233 Fällen betrafen
ebenfalls über die Hälfte, nämlich 122, Fabrikarbeiter und
Arbeiterinnen.

Die Kurdauer beträgt je nach der Eigenart des Falles
4—12 Wochen. Die Kurkosten werden gedeckt durch die
Mitgliederbeiträge des Vereins, freiwillige Beiträge der Arbeitgeber und Pfleglinge, Beiträge der Versicherungsanstalt und
feste Jahresbeiträge der Stadtgemeinden und der Barmener
Handelskammer[1].

Eine andere segensreiche Einrichtung des Vereins sind
die von ihm ins Leben gerufenen Koch- und Haushaltungs-
schulen für Mädchen.

Bei der groſsen Anzahl von Mädchen, welche im Regierungsbezirk Düsseldorf unmittelbar aus der Schule in die
Fabrikarbeit, die Hausindustrie oder das Kleingewerbe eintreten — in einer kürzlich erfolgten Zusammenstellung wird

---

[1] Siehe G. W., Jahrg. 11 Nr. 11 und 12, und Jahresbericht des
Barmener Vereins für Gemeinwohl.

ihre Zahl auf etwa 15 000 jährlich geschätzt[1] —, kann es fast
als die Regel bezeichnet werden, daſs die Arbeiterfrauen beim
Eingehen der Ehe für ihren Beruf als Hausfrau gar nicht oder
nur äuſserst ungenügend ausgerüstet sind.

Es erübrigt hier, die an anderer Stelle bereits erwähnten
zahllosen Miſsstände aufzuführen, die aus der mangelhaften wirtschaftlichen Vorbildung der Mädchen entspringen. Nietzsche
hat so unrecht nicht, wenn er sagt: „Durch schlechte Köchinnen,
durch den vollkommenen Mangel an Vernunft in der Küche
ist die Entwickelung des Menschen am häufigsten aufgehalten,
am schlimmsten beeinträchtigt worden." Jedenfalls sind die
Bestrebungen zur hauswirtschaftlichen Ausbildung der Fabrikarbeiterinnen von hervorragender sozialer Bedeutung, und die
hier einsetzende Vereinstätigkeit ist in der Regel sicher, auch
bei der schlieſslich am meisten interessierten männlichen Arbeiterschaft Billigung zu finden. In Barmen hat der Verein
für Gemeinwohl bisher im ganzen 24 Abendnähschulen für
Fabrikarbeiterinnen mit einer Gesamtschülerinnenzahl von 1250
und drei Abendkochschulen eingerichtet, die sich ebenfalls
eines lebhaften Zuspruchs erfreuen[2]. Der hauswirtschaftliche
Unterricht findet zweimal wöchentlich von $1/_2 7$—$1/_2 10$ Uhr statt.
Zwölf Mädchen nehmen in zwei Abteilungen unter je einer
Lehrerin daran teil, davon werden sechs in der Küche beschäftigt, während die übrigen sechs Unterricht in hauswirt-
schaftlicher Buchführung, Nahrungsmittellehre, Gesundheits-
und Krankenpflege erhalten. Schulgeld wird nicht erhoben.
Der Andrang zu den Barmener Schulen ist ein so groſser,
daſs immer gegen 100 Arbeiterinnen auf der Liste stehen, die
auf Eintritt warten.

Die anfänglich eingerichteten Tageshaushaltungsschulen
dagegen haben sich nicht bewährt, da der Besuch mit einem
zeitweiligen Aufgeben der Fabrikarbeit verknüpft war und
selbst die jugendlichen Arbeiterinnen ungern einen Viertel-
jahresverdienst missen.

Als letzte Schöpfung des Vereins ist die Barmener Volks-
auskunftsstelle zu erwähnen, die einem tatsächlich vorhandenen
Bedürfnisse der Arbeiter zu entsprechen scheint. Sie verfolgt
den Zweck, gegen geringes Entgelt Auskunft in allen An-
gelegenheiten der Kranken-, Unfall- und Invaliditätsversicherung,
des Arbeiterschutzes sowie in Steuer-, Schul-, Militär-, Unter-
stützungs- und Mietsachen zu erteilen. Ähnliche Bureaus sind
vom Volksverein für das katholische Deutschland in Elberfeld
und Barmen ins Leben gerufen worden.

Es wäre unmöglich, in dem Rahmen einer so gedrängten
Darstellung die Tätigkeit sowohl der Arbeitgeber als auch der

---

[1] Siehe G. W., Jahrg. 13 Nr. 8.
[2] Siehe Jahresbericht des Barmener Vereins für Gemeinwohl S. 1.

Vereine auf dem Gebiete der Arbeiterwohlfahrtspflege er-
schöpfend zu behandeln. Ein Herausgreifen des Wichtigsten
mußte genügen, um die bestehenden Zustände zu skizzieren.

C. Fürsorge der Gemeinden.

Die Anteilnahme der Stadtgemeinden an der Förderung
des Arbeiterwohls hat sich im allgemeinen darauf beschränkt,
die von dem Verein für Gemeinwohl geschaffenen Wohlfahrtseinrichtungen finanziell zu unterstützen. Doch sind sie auch
verschiedentlich selbständig vorgegangen, so neuerdings bei
der Gründung städtischer Arbeits- und Wohnungsnachweis-
stellen. Die Verdienste der Wohnungsnachweise sind bereits
in einem früheren Kapitel hervorgehoben worden. Es genügt
daher, wenn wir an dieser Stelle auf den Arbeitsnachweis
eingehen.

Die Barmener Arbeitsnachweisstelle ist für Arbeitsuchende
beiderlei Geschlechts errichtet. Die Vermittelung erfolgt un-
entgeltlich, und zwar in erster Linie für Barmener Orts-
angehörige und solche Personen, die in Barmen beschäftigungslos
geworden sind und dort neue Arbeit suchen. Bei Arbeitseinstellungen oder Aussperrungen stellt die Nachweisstelle
ihre Tätigkeit für das beteiligte Geschäft oder den beteiligten
Geschäftszweig ein. Die Wahrnehmung der Interessen des
„Verbandes für Arbeitsnachweis" liegt in erster Linie der
Verbandsversammlung ob, die aus je neun Vertretern der
Arbeitgeber und Arbeitnehmer besteht.

Es entsenden: die Stadtverordnetenversammlung drei,
die Handelskammer, der Innungsausschuß und die Ortsgruppe Barmen des Vereins für Gemeinwohl je zwei Vertreter.
Die Arbeiter sind durch drei Mitglieder der Gewerkschaftskommission, zwei Mitglieder der Gesellenausschüsse der
Innungen und je eins der evangelischen Volksvereinigung,
des evangelischen Arbeitervereins, des katholischen Gesellen-
vereins und des christlichen Gewerkschaftskartells vertreten.

Kann die Fürsorgetätigkeit der Stadtverwaltung noch
nicht als eine sehr weitgehende bezeichnet werden, so macht
sich doch in den letzten Jahren ein erfreulicher Fortschritt
in dieser Hinsicht geltend.

Übersicht über die benutzte Literatur.

Die Beschäftigung verheirateter Frauen in Fabriken. Nach den
  Erhebungen der Gewerbeinspektion zusammengestellt vom
  Reichsamt des Innern.
Die Gewerbeordnung für das Deutsche Reich (Titel VII).
Die kommunalen Einrichtungen der Stadt Barmen im Lichte der
  öffentlichen Gesundheitspflege. — Den Teilnehmern der in
  Barmen am 31. Oktober 1896 stattfindenden Jahresversamm-
  lung des Niederrheinischen Vereins für öffentliche Gesund-
  heitspflege gewidmet.
Festschrift für die 34. Hauptversammlung des Vereins deutscher
  Ingenieure. Herausgegeben vom Bergischen Bezirksverein. 1893.
Jahresberichte der Gewerbeinspektoren von 1874—1900.
Jahresberichte der Handelskammer für Barmen von 1880—1900.
Jahresberichte der Handelskammer für Elberfeld von 1880—1900.
Jahresberichte der Rheinisch-Westfälischen Textilberufsgenossen-
  schaft von 1886—1900.
Systematische Zusammenstellung der Zolltarife des In- und Aus-
  landes. A. Textilindustrie. Herausgegeben im Reichsamt des
  Innern. 2. Aufl. 1901.

„Der Confectionair", Fachblatt für Manufakturwaren- und Kon-
  fektionsgeschäfte.
„Die Gleichheit", Zeitschrift für die Interessen der Arbeiterinnen.
  Stuttgart.
„Elberfelder Zeitung." Jahrgänge 1899—1901.
„Frankfurter Zeitung und Handelsblatt."
„Freie Presse", Organ des werktätigen Volkes von Rheinland
  und Westfalen. Jahrgänge 1894—1902.
Korrespondenzblatt der Generalkommission der Gewerkschaften
  Deutschlands. Jahrgang 1900.
Zeitschrift des bergischen Vereins für Gemeinwohl. Jahrgänge
  1896—1901.

Richter Calwer, Die Meistbegünstigung der Vereinigten Staaten
  von Nordamerika. Berlin 1902.

Fisk, Die handelspolitischen Beziehungen zwischen Deutschland und den Vereinigten Staaten von Nordamerika.

Dr. H. Herkner, Die Arbeiterfrage. 2. Aufl. Berlin 1897.

Kulemann, Die Gewerkschaftsbewegung. Jena 1900.

R. Mayo-Smith and R. E. Seligmann, The Commercial Policy of the United States of America 1866—1890. Schriften des Vereins für Socialpolitik. Bd. 49.

August Meininghaus, Die sozialen Aufgaben der industriellen Arbeitgeber. Tübingen 1889.

Dr. Jul. Post und Dr. H. Albrecht, Musterstätten persönlicher Fürsorge von Arbeitgebern für ihre Geschäftsangehörigen. Berlin 1889.

Dr. Gerhart v. Schulze-Gävernitz, Der Großbetrieb, ein wirtschaftlicher und sozialer Fortschritt. Leipzig 1892.

Max Sering, Arbeiterausschüsse in der deutschen Industrie. Gutachten, Berichte und Statuten. Leipzig 1890.

Alphons Thun, Die Industrie am Niederrhein und ihre Arbeiter. Staats- und sozialwissenschaftliche Forschungen. Herausgegeben von Gustav Schmoller. Bd. II Heft 3. Leipzig 1879.

Pierersche Hofbuchdruckerei Stephan Geibel & Co. in Altenburg.

MIX
Papier aus verantwortungsvollen Quellen
Paper from responsible sources
FSC® C105338

Printed by Libri Plureos GmbH
in Hamburg, Germany